NOUVEAU MANUEL

DU

PLATRIER.

AVERTISSEMENT.

Cet ouvrage, qui paraît pour la première fois, est utile à toutes les personnes qui veulent connaître l'Art du plâtrier, et principalement aux jeunes gens, à qui il est indispensable pour les former et les aider dans leurs voyages. Il traite des différens moyens de travailler, de fabriquer le plâtre, d'empêcher les cheminées de fumer, de la préparation du plâtre pour les stucs, les sculptures, les peintures à fresque. On y trouvera aussi des notions du toisé.

Ayant rempli les formalités exigées par la loi, je poursuivrai tout contrefacteur et ne reconnaîtrai que les exemplaires revêtus de ma signature.

PARIS. — IMPRIMERIE DE CASIMIR,
RUE DE LA VIEILLE-MONNAIE, 12.

NOUVEAU MANUEL

DU PLATRIER

PLAFONNEUR - FUMISTE,

OU

L'ART D'EMPLOYER LE PLATRE,

Par **SERVAJEAN**, ancien platrier;

OUVRAGE ENTIÈREMENT NEUF, CONTENANT PLUS
DE CENT CINQUANTE INSTRUCTIONS DIVERSES
ET ORNÉ DE SOIXANTE-SIX GRAVURES.

 Prix : 4 francs. 

SE VEND

CHEZ L'AUTEUR, A ROMORANTIN
(LOIR-ET-CHER).

—

1837.

[illegible]

[illegible]

[illegible]

[illegible]

[illegible]

[illegible]
[illegible]
[illegible]

[illegible]

[illegible]

[illegible]
[illegible]

les moyens de les empêcher de fumer ; j'ai
aussi parlé, dans cette partie, de la sculpture, de la peinture et du toisé, connaissance indispensable. Afin de compléter mon
ouvrage et de le rendre plus commode, j'ai
figuré sur des planches, au nombre de dix,
le tracé des diverses parties que l'explication
n'aurait pas pu bien préciser. La dimension
du papier ne m'a pas permis, ainsi que j'en
avais l'intention d'abord, de pouvoir donner
ces figures dans l'échelle comparative de la
ligne au pouce et par suite du pouce au pied ;
je crois cependant que, telles qu'elles sont,
elles pourront facilement aider à en prendre
des modèles.

Je n'ai pas cru devoir parler des mesures
anciennes par rapport aux nouvelles, par la
raison que les pieds métriques correspondent
au mètre et qu'il est nécessaire de ne pas
compliquer les difficultés.

Je n'ai pas prétendu, dans cet ouvrage,
donner un modèle de style, loin de là ; je me
suis seulement attaché au développement des
procédés et des principes les plus en usage ;
et, comme c'est dans les parties les plus
simples qu'il faut de l'expédition, j'ai cru
devoir m'attacher de préférence à ces dernières, sans préoccuper le lecteur par la dé-

finition de travaux difficultueux, qui ne peuvent être faits que rarement et encore par un très-petit nombre d'ouvriers.

Le lecteur me pardonnera donc la négligence de mon style et le peu d'élégance de mes expressions, car je ne suis pas un écrivain ; toute ma science est celle de mon état. On verra que je recommande partout le goût, l'ordre dans le travail et l'économie ; et je dirai ici que la bonne conduite est un moyen de réussir et qu'un ouvrier assidu à son ouvrage avancera plutôt que de reculer, d'après ce proverbe qui dit : *Ne remettez jamais au lendemain ce que vous pouvez faire aujourd'hui.*

En un mot, mes chers confrères, je n'ai fait ce *Manuel* que pour vous aider à faire un pas vers la fortune, et je m'estimerai fort heureux s'il peut fixer votre attention. Dans cette espérance, je me souscris votre très-humble et respectueux serviteur,

SERVAJEAN.

ADDITIONS.

A l'article des *Enduits*, page 161 et suivantes, j'ai oublié de dire que, par la pression des truelles, le plâtre acquérait une dureté double de celle produite par la méthode, usitée à Paris, de couper le plâtre.

A l'article des *Encadremens*, page 205, j'ai oublié de dire que, pour bien pousser, il faut appliquer promptement le plâtre sur toute la longueur, et en avoir une poignée dans la main gauche placée devant le calibre tenu par la main droite, qui le dirige sur la règle ; et, d'une couche à une autre, on forme la moulure, suivant la demande du calibre. Aussitôt après, on passe une ou deux couches de plâtre à polir, que l'on gâche exprès et que l'on étend sur toute la longueur de la moulure ; ensuite, l'on repasse une dernière fois le calibre, avec beaucoup de précaution.

Pour bien pousser un plafond, il faut en être à quatre pouces de distance, c'est-à dire avoir la tête quatre pouces plus bas.

A l'article des *Vieux plafonds*, j'ai oublié de dire qu'il faut les humecter, pour aider la liaison du vieux plâtre avec le neuf.

A l'article des *Cheminées*, page 247, j'ai oublié de dire que ces cheminées se construisent en briques sur champ aussi bien qu'en briques posées de plat ; si l'on se sert de briques de deux pouces, bien faites, les cheminées sont d'une grande solidité : on peut éviter de les enduire en dedans, pourvu qu'elles le soient en dehors. A Lyon et dans ses environs, on fait ainsi.

15

ERRATA.

Page 13, ligne 18, *au lieu de* pas cuit, *lisez :* pas asssez cuit.

Page 67, ligne 15, *au lieu de* mesurer, *lisez :* peser.

Page 82, ligne 2, *au lieu de* joues, *lisez :* seaux.

Page 103, ligne 3, *lisez :* ne pourraient sécher promptement.

Page 116, ligne 19, *au lieu de* joints, *lisez :* joues.

PRÉFACE.

C'est dans le but d'être utile aux personnes qui exercent la profession de plâtrier, que j'ai publié cet ouvrage ; aussi j'ose espérer qu'il sera bien accueilli par elles et même par celles qui, n'étant pas de la partie, désireraient s'instruire dans cet art. Dans cette flatteuse espérance, j'ai mis tous mes soins à décrire les principes, à faciliter l'exécution de ce beau genre de travail ; et, afin d'aider aux ouvriers qui l'exercent, j'ai donné les meilleurs procédés et ceux reconnus pour être les plus expéditifs et les moins dispendieux.

J'ai pratiqué pendant vingt années l'état de plâtrier, et j'ai conçu, en le cessant, le dessein de créer une théorie indispensable selon moi. Je me suis demandé, après avoir travaillé dans le silence et l'observation, pourquoi cette industrie n'aurait pas aussi un Manuel ? J'ai consulté l'*Encyclopédie*, croyant y lire ce que je désirais ; mais je n'y trouvai que de faibles observations sur l'origine et la nature du plâtre. Je me suis ensuite procuré d'autres ouvrages, des *Manuels* de tout genre, et je n'ai trouvé dans aucun les connaissances qui nous sont nécessaires. Je me suis donc mis à l'œuvre, et je présente cet ouvrage, fruit d'une théorie qu'un long temps a pu mettre à l'épreuve et d'une pratique raisonnée et approfondie.

Il n'est pas un état qui n'ait aujourd'hui son *Manuel;* pas une industrie dont on n'ait écrit la théorie. L'art du plâtrier, seul, semble laissé dans un honteux oubli. C'est donc pour le tirer de cette obscurité (que l'on ne peut attribuer qu'au petit nombre d'hommes lettrés qui l'exercent), que j'ai écrit ce nouvel ouvrage, espérant en propager la science, aider les artistes et donner aux commençans une méthode sûre et avantageuse. On ne peut se figurer l'utilité d'un Manuel pour ce genre de *travail*, ne servirait-il qu'à rappeler les idées des différentes opérations d'un état, qui, étant varié selon les localités, ne permet pas aux ouvriers d'acquérir d'autres connaissances que celles qu'ils ont, à moins de voyager. Combien de fois, dans mes voyages, n'ai-je pas vu des maîtres et des ouvriers qui ne savaient pas même quels pouvaient être les outils nécessaires à leur ouvrage, et qui n'avaient aucune teinte d'habileté, ni la moindre notion d'économie! Mais aujourd'hui que les bénéfices diminuent en raison de la concurrence qui augmente, j'engage les lecteurs à raisonner et à se rendre compte de l'avantage qui peut résulter d'un travail bien conduit. C'est pour parvenir à ce but que je me suis proposé d'écrire, et j'invite à relire plusieurs fois les explications que renferme ce *Manuel*, afin de se familiariser avec les procédés avantageux qu'elles indiquent.

Mais, dira-t-on, il en est de ce *Manuel* comme des ouvrages qui lui ressemblent : il est peut-être incomplet, et on ne sera pas plus instruit après l'avoir lu qu'auparavant ; en outre il ne peut pas expliquer assez clairement. Je puis garantir pour mon ouvrage la nullité de ces observations, qui peuvent être vraies pour quelques-unes des théories que l'on a publiées. Je dirai de plus que c'est parce qu'on n'attache pas assez d'importance à la lecture, que l'esprit ne peut pas bien saisir les développemens que l'on oppose aux difficultés ; et , comme tous les lecteurs ne peuvent ou ne veulent pas mettre en pratique au même instant ce qu'ils lisent, ils oublient. Souvent aussi , sans se donner la peine d'approfondir , on ne se figure pas assez intimement ce qu'a voulu décrire l'auteur , et l'on induit de là que l'ouvrage ne vaut rien. Bien des fois encore , on s'attache aux mots et à la difficulté que leur compréhension présente ; aussi ai-je évité d'employer d'autres termes que ceux usités dans l'état.

Mais , si l'on veut lire avec fruit , je conseillerai d'user d'un procédé qui ne peut manquer de faire réussir. Il consiste à faire lire l'instruction par une autre personne , tandis que l'on exécute soi-même. J'ai vu ce moyen employé avec succès par des ouvriers chargés d'exécuter des travaux d'art difficiles. Si l'on veut s'en servir , je suis assuré , par tout ce que contient ce Manuel , d'une réussite qui surprendra ceux qui seraient même dans le doute.

Ce *Manuel* est divisé en trois parties. La première renferme toutes les explications relatives à la fabrication du plâtre ; la deuxième traite des échafaudages , de l'emploi du plâtre, des ouvrages unis et à quadratures ; la troisième contient l'art de faire les cheminées et

MANUEL

DU

PLATRIER.

PREMIÈRE PARTIE.

Observation sur l'origine du plâtre.

L'EMPLOI du plâtre, dans le genre que je me propose de décrire, compte à peine cent ans d'existence. Il ne me serait pas possible de préciser quelle est la première nation qui en a fait usage. En France, l'on prétend que ce sont les Italiens ; mais j'en doute, attendu que les plâtriers italiens, ainsi nommés, sont en général Lombards, Piémontais, et que ces contrées ne possèdent pas de carrières à plâtre : ce qui le prouve, c'est qu'ils viennent tous apprendre en France la manière de l'employer. Je ne prétends par-là faire aucun tort à leurs connaissances ; je sais qu'il se trouve parmi eux de très-bons ouvriers, mais je ne crois pas qu'ils puissent rivaliser avec nos plâtriers français.

I

En effet, j'ai appris mon état avec des Italiens, et j'ai depuis occupé des Français et des Italiens, ce qui m'a mis à même de comparer, et je n'ai reconnu chez ces derniers qu'une grande aptitude à entreprendre et exercer plusieurs parties à la fois : ils cumulent, avec l'emploi du plâtre, la peinture, la sculpture, la fumisterie ; ils accoutument les habitans du pays qu'ils exploitent à se servir d'eux seuls, au point que dans plusieurs départemens on fait ces ouvrages sans changer d'ouvrier. Mais j'avouerai que ces parties faites par le même ouvrier ne sont pas si bien que si elles sortaient d'une main différente pour chaque espèce d'ouvrage, ainsi que cela se pratique à Paris. Ceci est facile à concevoir, et l'on comprendra sans peine qu'après avoir enduit ou poussé des corniches ou bien briqueté, s'il faut prendre le pinceau et faire des enseignes, la main de l'ouvrier, ainsi dérangée, perd de sa dextérité et de son habitude.

La manutention du plâtre commence à se répandre dans tous les pays ; toutes les nations de l'Europe en font usage : chacun veut des appartemens plâtrés, et en France plus que partout ailleurs, soit en raison de l'abondance des carrières, soit que le goût plus recherché en nécessite l'emploi, soit enfin à cause du grand nombre d'ouvriers qui l'exploitent. Le fait est

que l'on voit dans presque tous les départemens des plâtriers bien occupés : les travaux
prennent un accroissement marqué, tant par la
différence des prix, que par la fabrication de
cette matière et par la manière de l'employer :
objets dont l'amélioration, de jour en jour
croissante, ne saurait être contestée.

Le plâtre, que les naturalistes nomment
gypse, était connu il y a bien des siècles ;
mais on n'a mis à profit sa valeur distincte que
depuis environ deux cents ans, époque à partir de laquelle son emploi s'est accru de plus
en plus. Aujourd'hui tout le monde le connaît,
et généralement en France on le nomme *plâtre*; cette dénomination lui est conservée dans
tous les changemens que lui fait subir son emploi. Les ouvriers qui s'en servent sont appelés
plâtriers, excepté à Paris et dans ses environs,
où l'on nomme *maçons* les ouvriers qui l'emploient dans les bâtimens pour les plafonds :
à dire vrai, les ouvriers maçons de Paris ne se
servent pas du plâtre de la même manière que
les plâtriers ; il y a même beaucoup de différence.

Les plâtriers, en général, sont très-écono-
mes de matériaux, et principalement du plâtre :
ils en connaissent la fabrication et l'emploi; en
outre, la plupart connaissent le dessin et ont

une teinte de la sculpture, ce qui fait que cette partie fournit un grand nombre d'artistes. Si les habitans de Paris connaissaient la différence qui existe entre les deux manières de travailler, et l'économie résultant de cette différence, ils auraient bientôt donné la préférence aux plâtriers : ils y trouveraient de plus un avantage, en ce qu'il ne faudrait pas la moitié du plâtre que les maçons emploient pour faire un plafond. J'ai vu à Paris des plafonds où le plâtre était si peu ménagé, que j'aurais pu facilement en établir trois aussi grands avec la même quantité de matière et les finir parfaitement ; tandis qu'après la main des maçons, il faut que les peintres viennent blanchir pour rendre l'ouvrage recevable, ce qui est une dépense de plus.

J'ai de même remarqué que, bien que le plâtre soit à très-bon compte à Paris, le prix de l'ouvrage y est aussi élevé que dans les endroits où il vaut un sou la livre. Mais je ne désespère pas de voir venir à Paris un grand nombre de plâtriers, qui contribueront à faire abandonner la méthode en usage aujourd'hui. Car j'ai moi-même travaillé souvent pour des Parisiens, qui m'ont toujours fait des éloges sur notre manière de procéder ; des architectes même l'ont approuvée comme très-bonne.

Je crois aussi que si les ouvriers maçons pouvaient travailler comme je vais le décrire, ils ne tarderaient pas à mettre en usage ce nouveau procédé; mais la plupart d'entre eux ne savent pas lire; ensuite leurs habitudes sont trop différentes de celles des plâtriers. Leurs outils, d'ailleurs, ne leur permettent même pas d'essayer : car ils ne consistent qu'en une truelle de cuivre très-épaisse et à demi ronde, une truelle à bretter, une raclette, des hachettes pour retailler leur ouvrage; ils coupent ou raclent leur plâtre et ne l'unissent pas : leur ouvrage terminé ressemble à un mur enduit au bouclier : leur plâtre est souvent gâché en l'absence de celui qui doit l'employer, et encore ne connaissent-ils pas la manière de gâcher; mais en général ils l'emploient dans toute sa force. Enfin, je n'ai pas vu de ville où, pour la construction, le plâtre soit employé avec aussi peu de soin qu'à Paris, excepté par les modeleurs et les sculpteurs, que je me garde bien de confondre avec les ouvriers maçons.

Enfin, quoi qu'il en soit, le plâtre est d'une grande utilité et forme une belle branche de commerce. Son transport dans tous les pays occupe un grand nombre d'ouvriers. L'avantage que cette pierre a de se conserver long-temps crue est incontestable : elle n'a besoin de précautions qu'après la cuisson ; c'est alors que l'on en doit soigner le transport et la conservation. Car il craint l'humidité, il s'évente si on le garde trop long-temps ; c'est pour cela que l'on recommande aux ouvriers plâtriers de l'employer dans l'espace de trois à quatre mois au plus tard, car il ne serait pas avantageux de le garder plus long-temps.

Des terres qui peuvent contenir des carrières de plâtre.

Les carrières de plâtre se trouvent en général dans de bonnes terres. Les terrains végétaux contiennent des matières plâtreuses ; les carrières de Paris sont dans un de ces bons terrains. Celles de la Bourgogne, de la Bresse, de la Gascogne, de la Saintonge, du Bourbonnais, de l'Auvergne, ont aussi du renom. Tout prouve que cette matière, que l'on nomme aussi sulfate de chaux, est composée de corps animaux. J'ai vu des morceaux de plâtre en partie composés d'ossemens, et je distinguai ces os enveloppés de couches de plâtre. Je laisse aux chimistes le soin d'en définir la composition, en ayant vu plusieurs le fabriquer de leurs propres mains. Quoique composé de corps animaux et végétaux, il n'est pas partout également bon : il est même peu de carrières dont les produits se ressemblent en bonté. Il existe entre elles une variation sensible : les carrières de Montmartre, près de Paris, de la Bourgogne, de la Charente, du Bas-Rhin, de la Gascogne, donnent des produits de première qualité. Les meilleures carrières sont celles qui contiennent dans le mélange le plus de chaux, attendu que celles qui en sont dépourvues ne présentent pas assez de résistance. Mais lorsque l'on a découvert une carrière, on s'estime assez heureux de cette trouvaille ; on s'en tient à la qualité, en cherchant les moyens les plus prompts pour son extraction. Lorsque les parties de plâtre sont couvertes de terre, il faut les exposer à la pluie, qui les dépouillera de cette matière qui ne peut que nuire à sa qualité.

Du choix à faire dans les carrières de plâtre.

Pour connaître la bonne qualité du plâtre, il faut avoir des pierres de plusieurs carrières, ou de la même, mais de différente couleur. On les casse en morceaux gros comme un œuf, ou plus petits, pour les faire cuire dans un four de boulanger, en ayant soin de les peser avant de les y placer et de ne pas les mélanger. Après la cuisson, on les repèse, afin de se rendre compte quelle est la carrière qui a le plus perdu de son poids, quelle est la mieux cuite, enfin quelle peut être son degré de force : opération pour laquelle il faudra séparer les échantillons comme pour leur cuisson, qui devra être opérée par un degré de chaleur continu. On pourra alors établir la différence des unes aux autres.

Cette expérience faite, on tamise aussi séparément les différentes qualités et on les pèse de même par partie. Si l'on veut en employer, on mesure ou bien l'on pèse l'eau à laquelle on mêle une pareille quantité de plâtre, et on gâche. La même expérience aura lieu pour chaque espèce, et mettra bientôt à même de juger lequel de ces échantillons aura acquis le plus de dureté : celui-ci devra être préféré. Si l'on veut se convaincre de sa résistance à l'humidité, on le laissera dans l'eau le temps nécessaire à sa dissolution : le plus tôt dissous sera évidemment le moins solide. Toutefois, si l'on ne veut pas faire toutes ces expériences, il faut s'informer quelle est la meilleure carrière, et faire choix des pierres les plus blanches, les mieux cristallisées et dégagées de toute matière étrangère.

Désignation des départemens qui possèdent des carrières de plâtre, et de la supériorité qu'elles peuvent avoir les unes sur les autres.

Les départemens qui possèdent des carrières de plâtre sont :

Les départemens de l'Ain, de l'Aisne, de

l'Allier, des Alpes, de l'Ariége, de la Charente, de la Charente-Inférieure, de la Côte-d'Or, de la Dordogne, du Doubs, de la Drôme, du Gard, de l'Hérault, de l'Isère, du Jura, de la Haute-Loire, du Puy-de-Dôme, du Bas-Rhin, du Haut-Rhin, de Saône-et-Loire, de la Seine, de Seine-et-Marne, de Seine-et-Oise, des Deux-Sèvres, du Tarn, du Var ; en tout vingt-six départemens, situés de manière à pouvoir en procurer à ceux qui n'en ont pas.

Quoiqu'en assez grand nombre, ces carrières diffèrent entre elles pour la qualité. Les plus recherchées sont, comme je l'ai déjà dit, celles de Montmartre, aux portes de Paris, celles du Bas-Rhin, de la Charente, de la Gascogne et de la Bourgogne. On s'en rendra un compte plus exact en faisant le choix que j'ai indiqué ci-dessus ; et je pense que les carrières dont les produits contiennent le plus de calcaire doivent être préférées. C'est ce qui a fait placer en première ligne les plâtres de Montmartre, auxquels on a reconnu un douzième de chaux dans la composition ; ils acquièrent par ce mélange un degré de consistance très-élevé. Les plâtres du Bas-Rhin, bien qu'ils ne contiennent que six parties de chaux, n'en sont pas moins employés dans la construction des murs, et servent à enduire les parties extérieures.

Ce qui donne une grande qualité au plâtre de Montmartre, c'est d'être réuni en un bloc énorme : de là; cette pureté, cette absence de tout corps étranger qui dispense de le choisir. Sa blancheur est uniforme ; la force seule du feu pourrait le noircir : on évite cet inconvénient en le cuisant dans des fours de boulanger ou dans des fours à vapeur.

Comme la chaux est un corps inaccessible aux intempéries de l'air et à l'action de l'eau, le peu qui se trouve mélangé avec le plâtre donne à ce dernier une grande solidité, car le plâtre seul est une espèce de colle qui ne résiste ni à l'eau ni à l'humidité, encore moins au feu.

Des moyens de conserver le plâtre cru.

Le moyen de conserver le plâtre cru est fort simple. Tous les emplacemens lui peuvent convenir, sa nature étant à peu près celle des pierres ordinaires.

On doit cependant de préférence lui choisir un lieu semblable au terrain qui le renfermait avant son extraction. Cette pierre, sortant de la terre, est naturellement humide; les caves, les remises, les magasins frais, doivent être propres à sa conservation. Mais on ne prend pas toujours ces précautions; le plus souvent on le laisse dehors, et alors les pluies, le grand air, ne tardent pas à amener sa dissolution. Je n'entreprendrai pas de décrire les causes qui le dissolvent. J'ai vu des plâtres exposés à l'air, à l'humidité, à la gelée, qui étaient tout amoncelés et se dissolvaient en matière sableuse, de manière à causer une perte considérable au propriétaire. Il faut éviter aussi de le placer en des lieux trop secs, parce que le soleil le dessèche et lui fait perdre de sa qualité. J'ai éprouvé la différence qui résulte du plâtre cuit sortant de la carrière avec celui qui a été exposé longtemps à l'air; celui-ci était d'une moindre qualité. J'invite donc ceux qui désirent bien conserver le plâtre, à choisir préférablement des lieux couverts et un peu frais.

De la cuisson du plâtre.

Le plâtre cru et mis en poudre ne peut servir au bâtiment : il faut le cuire avec grand soin. La cuisson en est facile; et de même qu'il existe plusieurs manières de le cuire, il y a aussi plusieurs précautions à prendre. Car, avant la cuisson, il faut s'assurer de sa qualité, de son plus ou moins grand état de dureté, et jusqu'à quel point il peut supporter l'action du feu. Tout cela est indispensable pour éviter les dommages résultant d'une mauvaise cuisson : une demi-heure de trop ou de moins peut faire perdre au plâtre de sa qualité. Il faut donc essayer par petite quantité. En général, le plâtre est facile à cuire, puisque la chaleur d'un four de boulanger, chauffé comme à l'ordinaire, suffit pour cela ; c'est même le seul moyen de le bien faire, parce que la vapeur en opère la cuisson, et que la flamme ne risque pas de l'altérer. De cette manière, on jugera de sa qualité et du degré de sa force.

Mais comme le plâtre est très-gras, il n'est pas facile à employer dans le bâtiment, parce que l'humidité lui est contraire et qu'il demande à sécher promptement. Les fabricans de plâtre ont établi des fours dont la capacité leur permet d'en cuire en assez grande quantité. Les uns emploient à cet effet la vapeur ; les autres se servent de bois pour obtenir une grande flamme ; d'autres enfin font usage de charbon de terre dans des fours coulans, de manière à faire subir au feu les degrés nécessaires à la cuisson du plâtre.

Le plâtre, que l'on nomme aussi sulfate de chaux, contient toujours une partie de chaux. Les naturalistes assurent qu'il en existe dans toutes les carrières, mais en plus ou moins grande quantité. Le mélange du plâtre et de la chaux constituant un bon plâtrage, il est essentiel de le faire cuire assez ; la pierre devenue rouge est une marque certaine d'une bonne cuisson. Cette expérience ne peut avoir lieu dans les fours de boulanger, mais bien dans ceux construits à cet effet, et dans lesquels il faut diriger le feu avec expérience. Comme on ne peut pas obtenir la cuisson de la totalité, il faut se garder d'imiter les fabricans de plâtre de Paris, qui, sitôt que la fournée a subi le feu nécessaire, se disposent de suite à l'employer, sans faire aucun triage; ils mêlent le plâtre cuit avec celui qui ne l'est pas : la couleur et le degré établissent cette différence. Quant à celui qui a été trop près du feu et qui est un peu brûlé, on peut le mêler avec celui qui ne l'est pas assez, en extrayant les parties qui ne sont pas cuites, et que la teinte ou la pesanteur fera choisir lorsque l'on a sorti le plâtre du four. Ce mélange de la partie trop cuite avec celle qui ne l'est pas, fait une compensation d'un bon effet. Mais, autant que possible, il faut le faire cuire également, et les moyens en sont décrits ci-après, de façon qu'avec un raisonnement mûri et une pratique éclairée, on puisse atteindre à la perfection.

Des moyens à employer pour cuire et fabriquer le plâtre, à l'usage des campagnes.

Dans plusieurs pays, j'ai vu cuire le plâtre bien simplement. La figure 1re, planche I, représente un de ces fours, construit en plein air sur quelques pierres qui supportent un petit nombre de barres de fer, sur lesquelles on entasse le plâtre. On choisit pour cela un endroit convenable ; le plus souvent on fouille pour faire un adossement au plâtre : quand il n'y a pas d'inconvénient, un mur remplit cet objet. Le meilleur serait un local de boulangerie, une chambre, une cuisine ; mais comme je ne puis ordonner, j'invite seulement à chercher les lieux les plus convenables : ce sont les moins exposés à l'air que l'on doit préférer. Ayant fait le choix du terrain, on établit, ainsi que la figure le représente, trois ou quatre chenets, même plus, suivant la quantité du plâtre à cuire. Ces chenets sont des pierres de plâtre entassées les unes sur les autres, et distantes de dix-huit à vingt pouces afin de laisser la faculté d'y introduire le bois : ils doivent être élevés de dix-huit à vingt pouces de terre, afin de laisser un libre cours à l'air et de faciliter l'action de la flamme.

Ces chenets, qui peuvent s'avancer de deux pieds ou trente pouces, si on le juge convenable, sont tenus par des barres de fer ou des rondins de bois assez gros pour supporter tout le plâtre que l'on destine à la cuisson. Mais, à ce défaut, on construit des voûtes avec les pierres de plâtre, en choisissant les plus longues, que l'on place adroitement et sur champ, parce que la flamme ne pourrait pas circuler si elles étaient posées à plat. La voûte ainsi établie, on continue de charger et on complète la fournée, en plaçant les plus grosses au milieu, où toujours le feu se porte avec force, et les plus petites autour, afin de concentrer la chaleur au dedans. Lorsque cette opération est terminée, on met le feu et de suite on fait une grande flamme, pour échauffer de toutes parts la fournée. Lorsque l'on sentira une forte chaleur, ce qui peut avoir lieu après une heure de grand feu, on le diminuera, jusqu'à ce que la fournée rougisse à peu près à la moitié de sa hauteur, ce qui arrivera après quatre ou cinq heures et même plus, suivant la quantité de la cuisson. On comprend aisément que plus la fournée est considérable, plus il doit falloir de feu : il y a plus d'avantage à faire une grande fournée qu'une petite. Il n'est pas possible de préciser le temps et le bois nécessaires; mais, approximativement, ce sera de deux cents livres de bois sec par millier de plâtre.

Il faut proportionner le degré de chaleur à la grosseur des pierres, qui sont d'autant plus dures que leur volume est plus grand ; mais lorsque la base commence à rougir, il faut s'en tenir là, car on risquerait de brûler. Si l'on peut couvrir le plâtre, soit avec des briques , soit avec toute autre chose, le dessus pourra finir de se cuire en recevant la chaleur du dessous ; mais si cela ne se peut, je conseille de faire écrouler la voûte : les petites molécules, en se glissant à travers les grosses, achèveront de se cuire. Après cette opération, on laisse refroidir ; puis on se met en devoir de séparer le plâtre cuit de celui qui ne l'est pas : on trie les différentes espèces de blancheur en cassant les pierres et en les plaçant séparément suivant ce degré ; on observe la même distinction pour le broyer et le tamiser. On met le plâtre le plus cuit avec celui qui l'est moins : l'un compense l'autre, car, trop cuit, il ne prend pas ; et s'il ne l'est pas assez, il prend trop vite. Par le mélange, ils se bonifient réciproquement, à moins qu'on ne veuille des qualités différentes.

Moyen de piler le plâtre, à l'usage des campagnes, avec la planche à patiner.

Si le moyen de cuire le plâtre, tel que je viens de le décrire, est simple, le pilage n'en est pas moins aisé. Ce procédé, peu coûteux, consiste en un morceau de planche de quinze à dix-huit lignes d'épaisseur, long de deux pieds, large de six pouces, taillé en cintre, ainsi que le représente la figure 2, planche I. Un homme place ses pieds aux deux extrémités, fait basculer à droite et à gauche; ce mouvement écrase le plâtre. A chaque coup de bascule, on fait circuler la planche partout où le plâtre est étendu.

Lorsque l'on a assez promené cette planche et que le plâtre a sa surface aplanie, on le relève, et on recommence, afin d'écraser le dessous comme le dessus. Un homme peut en fabriquer de vingt à vingt-cinq boisseaux par jour, tout tamisés. Cette manière a l'avantage d'être praticable presque partout, pourvu que l'endroit soit carrelé ou planchéié. Ce moyen peut s'employer dans les chambres hautes comme basses, attendu qu'il ne fait aucun bruit et ne cause aucun ébranlement; mais avant, on a le soin de morceler les pierres, que l'on réduit à la grosseur d'une noix. Souvent les hommes employés au pilage n'ont pas l'habitude de se tenir ainsi en équilibre; ils devront prendre un bâton ou balai, qui leur servira à rassembler les morceaux de plâtre qui s'échappent, ou, mieux encore, de point d'appui jusqu'à ce qu'ils aient acquis l'habitude de s'en passer : ce qui est l'affaire d'un seul jour, quoique j'aie vu des ouvriers bien au fait au bout de deux heures de travail.

Moyens de tamiser le plâtre, et de se procurer des tamis à peu de frais.

Puisque j'ai donné le moyen de fabriquer le plâtre économiquement, je dois aussi démontrer la manière de le tamiser à peu de frais. J'ai vu des plâtriers se servir d'une simple toile, nommée canevas, très-portative (car ils pouvaient la mettre dans leur poche), une aune étant suffisante. Pour s'en servir, ils étendaient cette toile sur quatre liteaux, la fixaient avec quelques pointes pour la bien tendre, et plaçaient ce châssis en appuyant le haut contre un mur ou toute autre chose, dans la pente indiquée pour le crible, figure 3. En versant le plâtre sur le haut de ce tamis, la fleur du plâtre fin coule au bas : par ce procédé, on peut se passer de tamis. Ceux de crin et de soie sont préférables ; mais il faut placer en première ligne les tissus en fil de fer ou en toile métallique, tant pour la solidité que pour l'économie du temps. Le meilleur, le plus expéditif, est, sans contredit, le grêle ; aussi beaucoup de plâtriers en font-ils usage. J'ai donné, figure 3, un grêle à peu près semblable à celui qu'on emploie pour le blé, mais plus grand.

Celui que je donne est un grêle ordinaire et portatif ; il a six pieds hors d'œuvre : je l'ai représenté sur deux faces, afin que l'on puisse en établir de semblables. Ainsi le n° 1 figure la trémie dans laquelle on verse le plâtre; elle peut contenir quatre boisseaux, et débite ce que l'on met dedans par une fente (n° 2) d'un pouce d'ouverture, sur toute la longueur des toiles. Le n° 3 donne la coupe des pieds de devant maintenus dans toute la largeur par une planche d'un pied de hauteur, qui, comme on le voit, figure 3 *bis*, sert à séparer le gros plâtre, ou mouchet, du fin. Le n° 4 est un châssis garni d'une toile métallique qui se place à volonté, soit dans la feuillure, soit en dessus, en disposant la place à cet effet. Le n° 5 représente les jambes de derrière servant à élever ou baisser la machine, afin de lui donner la pente convenable. Le n° 6 représente une toile serrée ou une peau de basane qui conduit le plâtre tamisé dans une boîte de la largeur du crible, placée au-dessous; elle se dérange à volonté (n° 7). Dans la figure 3 *bis* est le crible vu de face; j'ai figuré le tamis et la fente (n° 2) par laquelle le plâtre coule sur les châssis métalliques (n° 4). Le n° 2 représente les traverses qui consolident le crible et servent de poignée pour le transporter au besoin. Le n° 3 figure la planche assemblée dans les pieds de devant pour terminer les châssis métalliques, donne la hauteur nécessaire à la séparation du gros plâtre ; en dessous et par derrière se trouve placée la boîte (n° 7). Cette planche peut avoir un pied d'élévation ; les châssis en ont quatre ; la longueur du crible est de quatre pieds sur deux de largeur. Mais cette mesure est variable ; on peut en fabriquer d'une plus ou moins grande dimension, et avoir plusieurs châssis en toile métallique plus ou moins fine qui se placent à volonté, selon la finesse que l'on veut donner au plâtre.

En dessous des châssis, il doit y avoir des tringles de fer traversant sous les toiles métalliques, afin de les supporter : sans cela, elles feraient le creux, et cet inconvénient nuirait au coulage du plâtre ; c'est en se servant de l'instrument que l'on peut juger de l'augmentation ou de la diminution dont il peut être susceptible. Je n'en connais cependant pas de plus expéditif que celui dont je viens de donner la description ; d'abord, on n'a qu'à verser le plâtre sur la pente, il coule de lui-même, et, ce mouvement continuant, une grande quantité peut être tamisée dans une journée. Si l'on avait à fournir du plâtre broyé, un crible ainsi construit tamise cinq à six cents boisseaux par jour, environ sept à huit milliers de plâtre. Cette économie de temps et la finesse de son produit indemnisent bien l'acquéreur de ses dépenses.

J'en ai fait construire un pour mon usage, semblable à celui dont j'ai donné la description, avec quatre châssis en toile métallique : le tout m'a coûté soixante francs. Ce prix est peu élevé, comparativement aux avantages que procure ce grêle. Je conseille aux plâtriers de s'en servir; j'excepte les gros fabricans qui se servent d'un procédé particulier, dont je donnerai la description plus loin.

**Deuxième moyen de fabriquer le plâtre
dans des établissemens spéciaux.**

Ce moyen est plus coûteux que le premier; mais l'avantage qu'en retirent les fabricans des grandes villes l'emporte de beaucoup sur celui des plâtriers, dont la consommation est moins grande. Cinquante à soixante milliers de plâtre vendus dans le courant d'une année peuvent exiger la confection d'un four et des instrumens nécessaires à la fabrication : l'achat, il est vrai, peut en paraître dispendieux; mais les bénéfices que procure leur emploi ont bientôt indemnisé l'acquéreur de ses dépenses. C'est ce qui m'a porté à engager les plâtriers à s'en procurer, d'autant que cette branche d'industrie va toujours croissant. Ceux qui seraient dans l'intention d'en établir pourront prendre pour modèle celui que j'ai représenté, figure 4 : il sera rond ou carré, suivant la volonté du constructeur; cependant la forme ronde présente plus de solidité.

Un four de médiocre grandeur, pouvant cuire dix à onze milliers de plâtre, peut avoir, intérieurement sept pieds de diamètre et dix à onze à l'extérieur, suivant l'épaisseur que l'on veut donner au mur, et sept à huit pieds de hauteur. Mais si l'on veut le faire carré, il suffit de lui donner six pieds carrés, toutefois en se conformant à l'emplacement, c'est-à-dire que si l'on ne peut lui donner que quatre pieds de profondeur, il doit en avoir huit de face; six à sept pieds suffisent pour sa hauteur. La figure 4 représente un four à plâtre de six pieds carrés à l'intérieur et huit à l'extérieur, les murs n'ayant qu'un pied d'épaisseur. Ce n'est pas assez : dix-huit pouces lui donneraient plus de solidité.

Sa hauteur est de sept pieds, le tout voûté et solidement construit en briques. La moitié des joints du mur est composée d'un mortier de terre à briques, un peu maigre, pour l'intérieur ; et l'autre moitié extérieure est montée avec du mortier de chaux et de sable. Ce ciment résiste très-bien aux intempéries des saisons, et le mortier de terre à briques supporte mieux que tout autre l'action du feu ; c'est ce qui m'a engagé à indiquer cette différence, afin qu'elle guide dans la construction.

En établissant un four, il faut ménager une ouverture pour le service de l'enfournage et du défournage ; elle consiste en une porte de cinq pieds de haut sur deux de large. Cette porte, élevée de trente pouces au-dessus du sol, se ferme par une plaque de tôle ou par des briques couchées sur champ. On doit la placer à l'endroit le plus convenable pour ce genre de travail ; et, soit de ce côté, soit d'un autre, on pratique deux ouvertures (figure 2), ayant deux pieds d'élévation et autant de largeur : elles servent à placer le bois et à entretenir le feu. Lorsque les murs sont montés à la hauteur de quatre pieds, on s'occupe de faire les cintres ; ici le talent et l'adresse de l'ouvrier sont un point essentiel pour la solidité, qui ne saurait jamais être trop grande.

En construisant cette voûte, il faut établir aux quatre angles de petites cheminées ayant un pied carré et dépassant la hauteur totale du four d'environ quatre pieds. Ces cheminées sont d'un grand effet pour diriger le feu ; car, en ouvrant l'une ou l'autre, on fait circuler la flamme à volonté : il est inutile de les ouvrir toutes à la fois; deux suffisent en alternant pour cette opération. C'est un moyen de faire cuire le plâtre de toutes parts. Enfin, en achevant la voûte, il faut laisser dans le milieu une ouverture ou trappe, de dix-huit pouces sur deux pieds, par laquelle on achève de charger le four.

Selon moi, cette ouverture est indispensable, car elle tient lieu d'une cinquième cheminée, par laquelle on fera circuler la chaleur dans le milieu. Les couvercles de ces cheminées sont en tôle, et comme le dessus de la voûte est praticable, on arrivera facilement à les fermer et à les ouvrir. Si le four est rond, je conseillerai de placer des cercles de fer à deux endroits différens, dans la hauteur, afin de maintenir l'écartement dont ces sortes de constructions sont susceptibles. Au contraire, si la forme en est carrée, ce sera des barres de fer, garnies de clavettes s'enfonçant à volonté, et qui sont placées aux quatre angles du four. On peut augmenter les dimensions de ce four, suivant les localités. Le n° 1 figure la porte à mettre le plâtre; le n° 2, les deux ouvertures destinées à placer le bois; le n° 4, les cheminées des angles, et le n° 5, la trappe qui sert à terminer l'enfournage.

De l'enfournage et du défournage.

Lorsque l'on fait cuire le plâtre dans des fours construits comme celui que je viens de décrire (V. figure 4), ou de plus grande dimension (j'en ai vu qui cuisaient cinquante milliers à la fois), il faut avoir son plâtre tout prêt. Un homme ou deux entrent dans le four; un troisième passe les pierres par la porte, n° 1. On a le soin de placer les plus grosses dans le bas du four; on établit avec elles des arceaux, qui ont la forme de la bouche du four, mais un peu plus grands, selon la dimension du four, afin d'y placer le bois à volonté et en assez grande quantité. Les plus grandes pierres étant placées, on termine la voûte, puis on achève de charger le four avec les plus grosses, et on relègue les petites aux extrémités, où les grosses ne pourraient pas cuire.

On se sert assez généralement de barres de fer, que l'on place à la hauteur de deux pieds environ, sur des murs ou jambages faits avec des pierres de plâtre. Ce procédé est effectivement commode; mais la force du feu altère trop vite le fer, dont l'acquisition est dispendieuse. C'est ce qui me porte à préférer le système des voûtes, dont on se sert aussi pour la chaux. Lorsqu'elles sont bien établies, elles font un excellent usage et dispensent d'employer du fer.

Une fois le four rempli, on ferme une partie des cheminées et toutes les portes ; alors, si on le juge à propos, on se met en devoir de cuire. La pierre de plâtre fraîchement extraite de la carrière n'est pas un inconvénient ; le plâtre en acquiert au contraire plus de solidité : c'est dans ce but que j'ai invité mes lecteurs à le tenir dans des lieux frais.

De la direction du feu dans les fours.

Il est facile de donner la direction convenable au feu, que l'on met par les endroits disposés à cet effet. Plusieurs plâtriers font premièrement un grand feu, pour saisir par la chaleur toutes les parties de la fournée ; puis, quand ils jugent les extrémités suffisamment échauffées, ils diminuent le feu pour achever la cuisson du plâtre. D'autres commencent par un petit feu, qu'ils augmentent progressivement. L'un et l'autre procédé sont également bons, l'essentiel étant de faire un feu continu. Si l'on chauffait fort un moment, puis qu'on se ralentit, le plâtre serait mauvais : un feu bien dirigé donne d'excellens résultats.

Le menu bois est le plus propre au chauffage. Les bois de taillis sont préférables, en ce qu'ils donnent une plus forte chaleur : ainsi les bourrées, les fagots, le bois à charbon, sont aussi convenables. S'il était possible de fixer la quantité de bois nécessaire, je me ferais un véritable plaisir de l'indiquer ; mais j'y vois plusieurs inconvéniens assez graves. Le premier, c'est que la qualité des plâtres varie suivant les carrières ; le second se trouve dans la force et la sécheresse plus ou moins grandes du bois et sur ce que toutes les espèces de bois ne donnent pas une chaleur égale ; j'en trouve un troisième dans la construction et la dimension des fours, et l'on conçoit facilement (il serait même inutile de le dire) qu'un four cuisant dix milliers de plâtre consume moins de bois que celui qui peut en cuire vingt milliers. Ces inconvéniens m'empêchent de pouvoir rien préciser à cet égard.

Je me bornerai à dire, par ma propre expérience, qu'un four cuisant six mille consumait régulièrement cent livres de bois sec par millier de plâtre de Paris ou de Bourgogne. Ainsi, pour une fournée de six mille, je consumais douze cotrets, ou vingt-quatre fagots, ou quarante-huit bourrées, ou enfin deux mètres cubes de bois à charbon. Six à sept heures de feu consumaient ces quantités ; c'est environ cent livres par heure. C'est tout ce qu'il faut pour cuire le plâtre promptement : un peu plus de temps ne nuirait cependant pas à sa qualité. Ne pouvant donc rien préciser, je me borne à recommander la régularité et la continuité du feu : j'invite en conséquence les chauffeurs à faire quelques expériences relatives au temps et à la quantité nécessaires.

Du défournage et du choix des pierres.

Lorsque l'on pense que le plâtre est arrivé au degré nécessaire à sa cuisson, on s'en assure en ouvrant la trappe qui se trouve au sommet du four, puis on en retire quelques morceaux. S'il est assez cuit, on cesse le feu ; on ferme toutes les ouvertures, afin de concentrer intérieurement la chaleur, qui, tout en recuisant le plâtre, lui donne une bonne qualité et une grande blancheur : c'est le résultat d'une bonne cuisson. S'il est trop cuit, l'on ouvre toutes les issues, afin de faciliter la sortie de la chaleur ; puis on retire du foyer toutes les braises et les cendres : enfin, on emploie tous les moyens pour le faire promptement refroidir. Quel que soit le degré de cuisson du plâtre, dès qu'il est refroidi, on se met à le défourner : on le dépose en un lieu renfermé et abrité, loin de tout contact d'humidité, ce qui le détériorerait ; et, autant que possible, près de l'endroit où doit se faire la pulvérisation.

Si l'on désire, au défournage, faire un choix des diverses qualités, il faudra placer à part les bas de four, autrement dit, les pierres ayant servi pour former la voûte : ordinairement, cette partie se trouve trop cuite ; le milieu, qui est la partie la plus forte, doit être aussi rangé à part ; le dessus, ordinairement le moins cuit, donne du plâtre vert : on devra donc trier ces trois parties. Mais si l'on voulait faire un mélange du tout, on le pourrait, en observant aussi de retirer les cendres, le charbon et les parties non cuites de plâtre qui s'y trouvent assez ordinairement. Les cendres et les petites molécules donnent du plâtre à briqueter.

Pilage du plâtre à la demoiselle.

La demoiselle est employée comme deuxième moyen de piler le plâtre, quoique ce ne soit pas un des plus prompts, mais sans doute à cause de l'avantage qu'a ce procédé d'exiger peu d'emplacement, d'être peu coûteux et facile à transporter. Comme il en existe de plusieurs formes, j'ai choisi la plus commode pour être représentée (V. fig. 5).

Cet instrument n'est autre chose qu'une pierre de taille, dure autant que possible ;

quant à la forme, elle varie suivant la force des hommes qui doivent la mettre en œuvre. Dans ce cas, on peut en avoir de différentes dimensions : il y en a qui pèsent de quatre à cinq cents livres. Si l'on trouve l'achat des pierres dures trop dispendieux, on peut y remédier en employant une pierre dont l'épaisseur peut être de dix pouces, et même moins, dans le milieu de laquelle on pratique une entaille de quatre à cinq pouces, pour recevoir l'arbre montant, ainsi que je l'ai représenté.

La dimension de cette demoiselle est ainsi établie : la pierre porte dix pouces d'épaisseur sur treize de long et neuf de large en dessous, à la face destinée à l'écrasement du plâtre; elle est taillée en cintre renversé, ainsi que la planche à patiner. Sur la face supérieure de cette pierre se trouve une entaille de quatre pouces carrés, dans laquelle se place l'arbre montant. On scelle ce dernier avec du plâtre, indépendamment des crampons de fer que l'on y adapte et que l'on assujettit avec du plomb ou du soufre; le plomb est cependant de plus longue durée.

Ces morceaux de fer, qui saillent de la pierre de huit à dix pouces, sont percés chacun de quatre trous destinés à recevoir les clous qui doivent joindre la pierre à l'arbre et lui donner plus de solidité. La demoiselle ainsi préparée et bien fixée, on établit autour un massif de plâtre ou de briques : ce massif peut s'élever à la hauteur de deux pieds, ou même trente pouces; toutefois il ne faut pas qu'il dépasse les bras, et plus il est haut monté, plus il est facile de mouvoir l'instrument, dont la longueur ordinaire est de trois pieds quatre à six pouces.

Les bras consistent en un morceau de fer ou de bois rond, de seize lignes de diamètre et long de deux pieds : cette grosseur convient à la poignée. Pour placer ces bras, on perce simplement un trou avec une tarière de grosseur convenable; puis on les chasse fortement après avoir préalablement placé à l'extrémité supérieure de l'arbre un cercle de fer, afin d'empêcher le bois de se fendre. L'instrument ainsi confectionné, soit en plusieurs morceaux de pierre, soit en briques, soit en plâtre, doit être garni de cercles de fer en plusieurs endroits, afin de le consolider.

Cet instrument une fois solidement établi, pour s'en servir, il ne s'agit que de mettre les mains aux bras et de le faire pivoter à droite et à gauche. C'est ordinairement un homme seul qui le fait mouvoir. Pour faciliter le pilage du plâtre, on casse les grosses pierres par morceaux de la grosseur d'un œuf, et en assez grande quantité pour pouvoir en faire plusieurs couches. Après cette opération, on étend, par couches assez minces, le plâtre sur l'endroit choisi pour le pilage. Trop d'épaisseur donnée à ces couches paralyserait l'effet de la machine qui doit le pulvériser. C'est généralement sur des aires que l'on étend ces couches de plâtre ; ces aires sont carrelées avec de grandes pierres de six à huit pouces d'épaisseur, afin de mieux résister au choc de la demoiselle. La longueur approximative de ces couches doit être de deux à trois toises, selon les localités. On promène ensuite la demoiselle en long et en large, jusqu'à ce que le plâtre soit suffisamment écrasé ; puis on le relève, et on recommence de nouveau. Après cette opération, on se met en devoir de le passer. Je ne parlerai pas du grêle, attendu que j'en ai fait mention ci-dessus comme étant le plus expéditif : il est donc un des instrumens essentiels pour cette fabrication. Les localités feront décider de sa grandeur ; car j'en ai vu qui avaient huit pieds de haut sur quatre de large : on arrivait à leur sommet, pour verser le plâtre, à l'aide d'un marche-pied.

Un homme peut, avec la demoiselle, piler de trente-cinq à quarante boisseaux ou un millier de plâtre dans une journée. Cette manière de piler le plâtre est fort répandue en France, excepté chez les grands fabricans, qui se servent, pour cette opération, d'une machine plus expéditive, et dont je donnerai ci-après la description.

Pilage du plâtre au rouleau.

Un troisième moyen de piler le plâtre consiste dans l'emploi d'un rouleau. Ce procédé, qui dérive du manége à meules verticales, n'est pas le plus avantageux ; aussi ne s'en sert-on que dans très-peu d'endroits. Mais puisque quelques-uns en font usage, il doit trouver sa place dans la description des instrumens propres au pilage du plâtre.

Pour piler le plâtre de cette manière, il faut construire exprès une aire toute en pierre dure ; cette aire est creusée en forme d'une barque, mais très-unie ; sa longueur est de huit pieds sur quatre de largeur ; les bords et le fond sont en pierre dure bien taillée et bien ajustée. Ce cintre se trouve placé au niveau du carrelage de l'appartement, quoique son endroit le plus creux, le milieu, n'ait que quinze pouces de profondeur, et qu'il se relève sensiblement jusqu'à ses deux extrémités latérales. C'est dans ce cintre que se place le plâtre que l'on a morcelé ; puis ensuite on fait usage du rouleau.

Le rouleau (figure 6) est construit avec une pierre dure taillée en rouleau, ou avec un morceau de bois disposé de même. Pour établir cet instrument, il faut se procurer un morceau de pierre de dix-huit pouces à deux pieds de long. Je ferai observer que cette mesure est suffisante ; une plus grande longueur serait nuisible. Le diamètre de cette pierre doit être d'un pied. L'on taille cette pierre en rouleau bien rond sans être uni, attendu qu'il broiera plus facilement étant brut. Lorsqu'elle est ainsi taillée, on place à chaque extrémité un tourillon en fer, d'un pouce de diamètre, que l'on scelle avec du plomb, et qui doit ressortir de deux à trois pouces, pour faire place aux S ou clavettes que l'on y adapte, ainsi que cela se pratique pour les essieux. Ces clavettes se placent après l'apposition des bras ; ces bras, consistant en deux branches de fer qui sont recourbées, ainsi que le représente la figure, viennent se rejoindre en une seule douille de quatre pouces de long et dix-huit lignes de diamètre ; cette douille est destinée à recevoir un manche en bois de cinq à six pieds de long, et d'une grosseur convenable.

Le rouleau ainsi établi avec solidité roule facilement, et étant lancé dans l'aire dont j'ai parlé plus haut, les pentes qui se trouvent de chaque côté lui impriment un mouvement de rotation qu'il ne saurait avoir sur un terrain plat. A défaut de pierre, on peut se servir de bois ; mais la fonte est préférable. Si l'on fait la dépense d'un rouleau en fonte, il faudra le faire couler dans un moule fait exprès, et, pour lui donner une qualité supérieure à toute autre matière, sa surface sera en grains gros comme des grains de raisin. Pour éviter qu'il ne soit massif, on peut le faire fondre creux : on remplit alors l'intervalle avec un morceau de bois que l'on chasse avec force, et auquel s'adaptent les tourillons. Je suis fondé à croire qu'un rouleau long d'un pied sur un pied de diamètre peut faire autant d'ouvrage qu'un de dix-huit pouces, en ce qu'il est plus maniable. Avec l'usage du rouleau, un homme pile, par jour, vingt-cinq à trente boisseaux, ou six à sept cents livres pesant.

Plâtre cuit dans des fours de boulanger.

Je ferai observer, avant d'expliquer le système simple de la cuisson du plâtre dans des fours de boulanger, que cette méthode ne convient pas au plâtre destiné aux constructions, par plusieurs raisons : la première, c'est qu'on ne peut en cuire une assez grande quantité ; la seconde, c'est que ce genre de cuisson n'est

pas suffisant pour en faciliter l'emploi. En
outre, ce plâtre ne résiste pas à l'humidité, qui
le rend encore plus tendre qu'au moment de son
emploi ; et de plus, s'il ne s'est pas séché promptement, si l'action des mains ou des truelles a
été trop forte, il se fend de toutes parts, il se
granule, ce que les plâtriers nomment *galer*, et
même se détache des parties où il avait été appliqué : en un mot, c'est un plâtre trop susceptible
pour être employé dans le bâtiment ; aussi s'en
consomme-t-il bien peu ; encore use-t-on de
beaucoup de précautions pour l'employer.

Le moyen que j'ai reconnu le plus facile et
le plus solide, c'est d'y mêler de la chaux éteinte
en le gâchant. Pour cela faire, il faut mettre,
dans un seau contenant environ dix pintes
d'eau, gros comme un œuf de chaux éteinte,
soit en bouillie, soit en pâte, attendu que
sèche elle ne fait pas d'effet : on mélange
bien le tout, puis cette eau blanchie sert
à gâcher le plâtre. Plus il entre de chaux dans
ce mélange, plus on est assuré de la consistance
du plâtre, qui acquiert ainsi une grande solidité, surtout si on l'emploie dans les lieux
humides. Quoique ce plâtre ne convienne pas
au bâtiment, il a de grandes propriétés ; il est
surtout indispensable aux modeleurs et aux
figuristes, qui en font une grande consomma-

tion et qui l'estiment mieux que celui que fabriquent les plâtriers.

Le plâtre cuit de cette manière est le plus fort et le plus blanc, attendu que sa cuisson s'opère à l'absence du feu et par une chaleur continuelle et modérée : il ne subit aucune altération et se cuit au même degré, ce qui fait qu'il épaissit en même temps, et qu'il gagne une grande force ; et, s'il sèche promptement, il acquiert une grande solidité : l'humidité seule peut le détériorer. Aussi les ouvriers qui l'emploient ont-ils le soin de le faire sécher promptement, afin d'éviter son relâchement et pour ne pas perdre leurs peines et leur travail.

Pour cuire le plâtre dans des fours de boulanger, il faut d'abord morceler les pierres et les réduire à la grosseur d'un œuf ; après, on chauffe le four au degré nécessaire à la cuisson du pain, ou même plus, si l'on veut remplir l'étendue du four. Celui-ci étant bien chauffé (et il ne peut l'être jamais trop, car on n'a pas à craindre de brûler le plâtre), on le nettoie promptement ; puis on étend une couche de plâtre sur la surface du four, après quoi l'on ferme hermétiquement la gueule. On le laisse cinq à six heures, plus même si on le peut, ensuite on le retire pour être pulvérisé de la même manière que les précédens. Les fours

qui ont subi trois à quatre fournées de pain
dans la journée ont assez de chaleur pour cuire
le plâtre : cependant il se peut qu'on désire le
cuire davantage ; il faut alors brûler quelques
fagots avant d'enfourner. J'ai vu des ouvriers
qui lui faisaient subir deux fois cette opération
avant de s'en servir, prétendant qu'il se relâ-
chait moins et qu'il était plus facile à piler.

Plâtre cuit à la vapeur.

Le plâtre cuit à la vapeur est de première
qualité, tant par sa force que par sa blancheur.
Cet avantage résulte de la différence du procédé
de cuisson : dans celui-ci, les pierres, éloignées
de la flamme, sont calcinées par la chaleur
seule ; mais l'établissement de cette troisième
espèce de four est dispendieuse. Dans la figure
de celui que j'ai représenté (planche II, fig. 7),
on voit l'intérieur de trois fours, dont un grand
et deux petits établis sur le grand. On ne doit
rien épargner dans leur construction pour en
assurer la solidité.

Le grand four sert ordinairement à faire
cuire de la chaux ou bien des briques ; et,
comme la cuisson de ces matières exige un
très-grand feu, il en résulte une forte chaleur,
que l'on utilise pour la cuisson du plâtre, d'autant que cette chaleur est bien suffisante : il

résulte de là une grande économie, en ce qu'il ne se perd point de calorique, puisque les fours à plâtre l'absorbent entièrement. Mais, afin d'être mieux compris, je vais en faire l'explication numérique.

Premièrement, ces fours sont représentés en coupe, c'est-à-dire dans leur intérieur. La figure de l'extérieur, qui n'est qu'un mur, n'aurait pu mettre à même de juger des dispositions internes. Le n° 1 est un grand four destiné à cuire, soit de la chaux, soit de la brique; les n°ˢ 2 et 3 représentent les fours à plâtre bâtis sur la voûte du grand four; le n° 4 est la cheminée du four n° 1, qui sert à conduire la chaleur inutile dans les cas de nécessité; c'est-à-dire que s'il est besoin, après l'échauffement des fours à plâtre, de donner issue à la chaleur, on ouvre une trappe qui était fermée par une tôle à coulisse (n° 5) placée dans la partie inférieure de cette cheminée. Le n° 6 indique les issues conduisant la chaleur dans les fours n°ˢ 2 et 3; ce passage, pratiqué sous les voûtes établies avec les pierres de plâtre qui supportent toute la charge de la fournée, peut avoir dix-huit pouces carrés; il se ferme par des plaques de fonte fixées à un châssis en fer, se mouvant à l'aide de charnières; ces couvercles s'ouvrent ou se ferment par une tringle de fer, ronde ou carrée, qui va jusqu'à l'extérieur et que l'on meut à volonté. Le n° 7 représente l'ouverture des fours à plâtre ; elle porte quinze à dix-huit pouces carrés, et doit être établie de manière qu'un homme puisse y entrer facilement et en sortir de même, puisque c'est par là que l'on doit enfourner et défourner. L'on pourrait leur donner des ouvertures semblables à celle des fours ordinaires ; mais celles-ci feraient perdre beaucoup de chaleur, à moins que l'on ne voulût s'astreindre à les murer chaque fois ou à les clore avec des portes.

Un four que j'ai vu construit dans ce genre était adossé à une éminence de terre ou de rocher, qui permettait aux voitures d'apporter toutes les fournitures nécessaires et rendait le transport moins coûteux. Plus bas étaient placés les bâtimens nécessaires à la fabrication. J'en ai vu de plusieurs dimensions, mais les plus convenables pourraient cuire dix à douze toises cubes de chaux et de vingt à vingt-cinq milliers de plâtre. Ces usines doivent être très-avantageuses, tant pour la commodité que pour l'économie du combustible, mais plus encore par la qualité des produits qu'elles donnent. Quant aux ouvertures (n° 1) du four à chaux, ce sont les mêmes que l'on est en usage de pratiquer dans tous les fours destinés à être chauffés par le bois, ainsi que le représente le n° 8 ; les cintres sont arqués comme dans les fours généralement construits pour cuire la chaux ou la brique, qui ont devant leurs gueules un avancement qui sert à abriter les chauffeurs et qui finit par être envahi par la flamme, les arceaux se trouvant bientôt remplis de cendres ou de charbon.

Plâtre pulvérisé au moyen de manéges ou de pompes à feu.

Ce nouveau procédé, encore peu usité, ne tardera pas à le devenir, en ce qu'il présente économie et célérité. J'ai vu un de ces manéges, mu par un seul cheval, qui donnait à l'heure un millier de plâtre tout tamisé, ce qui fait douze milliers par jour. Cet instrument est en tout semblable aux moulins à poudre ou à café ; seulement les dimensions en sont plus grandes. Celui dont je parle avait deux pieds de haut sur autant de diamètre.

Afin de mieux comprendre ce que je viens d'avancer, que l'on prenne pour modèle un des moulins que j'ai cités ci-dessus (pl. III, fig. 8) : on nommera châsse ce qui l'entoure ; le dedans de cette châsse est garni de lames ou couteaux dont l'effet est de couper ou de moudre ; vient ensuite la poire que l'on fait mouvoir à l'aide d'une manivelle ; elle est supportée à sa partie inférieure par une barre de fer transversale fixée à la châsse, à l'extrémité supérieure de laquelle se trouve adaptée une autre barre de fer à peu près semblable à celle qui est en bas, dans laquelle passe l'arbre auquel aboutit la poire, et qui fait poser cette dernière d'aplomb sur son milieu.

Ces moulins ne sont donc composés seulement que de quatre pièces : l'enveloppe ou châsse, la poire destinée à moudre, les barres de fer supérieure et inférieure, dont l'effet est de maintenir la poire d'aplomb, et l'arbre tenant à la poire, que l'on élève à la hauteur convenable. C'est ordinairement au plancher qu'on le fixe par un tourillon facile à tourner. Dans la distance qui sépare le plafond du moulin, on place des brancards auxquels doit être attelé le cheval qui fait tourner cette machine ; au-dessous se trouvent deux châssis en toile métallique sur lesquels le plâtre sortant du moulin se tamise. Mais, pour rendre plus intelligible cette explication, j'ai figuré cet appareil.

La figure 8, planche III, représente le moulin dont je viens de donner la description. J'en ai donné la coupe, afin de démontrer l'intérieur et de laisser juger des épaisseurs convenables. Il est inutile de dire que sa forme est ronde et qu'il doit être bien ajusté. Le n° 1 représente la caisse ; le n° 2 figure la traverse du bas, qui supporte la poire et l'arbre, et dont le point d'appui est la boîte destinée à recevoir le plâtre ; le n° 3 représente la traverse supérieure, qui maintient l'arbre d'aplomb ; le n° 4 figure l'arbre et la poire ; les deux n°s 5 sont les tourillons des extrémités ; le n° 6 représente deux portes par lesquelles on sort le plâtre tamisé ; les n° 7 figurent deux cases dans lesquelles le gros plâtre ou mouchet, est reçu alors qu'il tombe des châssis que j'ai représentés des deux côtés au-dessus des n° 7 , et portant le n° 8 ; le n° 9 représente les brancards destinés à l'attelage.

J'ai figuré, sous le n° 10 , une petite roulette destinée à marcher sur les bords de la machine. Elle fleurerait le plâtre assez avantageusement ; mais cette augmentation est de moi, et il en faudrait au moins six bien ajustées au-dessous de la poire pour produire un bon effet, en roulant sur les bords qui sont en fer et solidement fixés. Le n° 11 représente deux cornes de bœuf fixées à l'arbre n° 4; leur pointe, en tournant, frappe deux cordes de crin ou deux tringles auxquelles sont suspendus les châssis en toile métallique n° 8. A chaque tour de l'arbre, ces cornes font faire un mouvement de ressaut, et donnent ainsi au plâtre une petite secousse sans laquelle il ne pourrait couler sur les châssis. A la poire, qui peut être en bois, de grosseur convenable, on ajuste des lames en fer ou en fonte qui tournent avec elle dans la châsse, dont l'intérieur est aussi garni de lames semblables ; seulement celles-ci sont disposées de manière à se trouver vis-à-vis de celles de la poire, dans un sens contraire. Elles sont bien assujetties et rapprochées le plus possible, afin que le plâtre puisse couler dans leurs intervalles, et être tranché par le mouvement continuel du manége, ainsi que cela se pratique dans les moulins à poivre, à café, et même à chocolat.

Cet appareil, peu dispendieux, fabrique facilement de dix à douze milliers de plâtre par jour. Pour deux cents francs, on peut s'en procurer un d'une dimension propre à donner un mille à l'heure, à peu près semblable à celui que j'ai vu ; il était à la vérité construit tout en bois. Si l'on voulait en avoir d'une plus longue durée, on pourrait établir en fonte ou en fer les pièces susceptibles de s'user trop promptement.

Je ferai observer aussi que les roulettes dont j'ai parlé ci-dessus seraient très-avantageuses, en ce qu'elles fleureraient le plâtre à une grande finesse, et en l'adoptant, il faudrait y joindre des raclettes mobiles qui suivraient ces roulettes sur les bords de la châsse et empêcheraient le plâtre de se tasser, ce qui arriverait sans cette précaution. Je dirai toutefois que je n'en ai vu à aucun moulin, et que c'est moi qui ai cru cette pièce nécessaire au complément de l'appareil. Je le propose donc seulement, et ce, par plusieurs motifs : d'abord, c'est que l'inventeur, étant breveté pour cinq ans, est en droit de poursuivre les contrefacteurs ; mais comme toutes les fois que l'on fait à un appareil une augmentation utile, on est fondé à en construire de semblables, l'addition de ces roulettes suffirait pour être autorisé à en établir de pareils. En outre, le brevet, donné en 1833 pour cinq ans, doit expirer en 1838 : on pourra alors employer ce procédé à volonté ; et si l'on ne veut pas y adapter les roulettes proposées, la châsse n'aura pas besoin de bords, la poire pourra ne pas être entaillée, et l'arbre se terminer au-dessus de la poire.

En conséquence, la poire et le bas de la châsse seront garnis chacun d'un cercle de fer placé vis-à-vis l'un de l'autre, et au-dessus seront les lames, dont la distance intermédiaire sera de quelques lignes ; elles formeront \/. Le n° 14 représente cette inversion ; le cercle placé au bas de la poire rentre dans la partie aiguë ; ce cercle, adapté au côté de la châsse, descend plus bas et se trouve placé à l'opposé. On a, par ce moyen, la facilité de les rapprocher à volonté ; car, en baissant la barre qui supporte la poire, les deux cercles se rejoignent; en l'élevant, au contraire, on les éloigne, ce qui pourra se comprendre en examinant les modèles et le numéro des pièces.

Fours coulans chauffés par la houille ou la tourbe.

Ce procédé est fort suivi dans les pays qui possèdent des mines de charbon de terre ou de la tourbe. Ces fours sont construits tout différemment que ceux où l'on cuit par le bois. Ils sont à découvert, et leur intérieur a la forme d'un plat creux, d'une soucoupe ou d'un saladier. On me pardonnera ces termes; mais je ne les ai employés que pour approcher davantage de la ressemblance. Que l'on se représente donc un de ces vases, au fond duquel on aurait pratiqué trois ouvertures par lesquelles passerait ce que l'on voudrait y placer, et on aura une idée des fours coulans.

Pour construire ces fours, on trace sur le terrain le diamètre que l'on veut leur donner, puis on construit des murs solides. Dans ces murs, on pratique ordinairement trois ouvertures qui correspondent directement avec celles

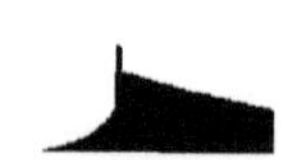

que l'on doit faire au four, afin de retirer les matières après la cuisson. Quoique ces fours soient beaucoup plus larges à leur extrémité qu'à leur base, l'on donne aux parties basses du mur autant de largeur que le four lui-même en comporte dans son diamètre : c'est assez dire que l'on doit monter ces murs d'aplomb. On se sert, pour la construction de ces fours, d'un procédé particulier et dont j'ai parlé plus loin.

Si l'on veut donner dix pieds de diamètre à la partie supérieure du four, il faudra établir un diamètre de quinze ; ces cinq pieds de différence resteront pour l'épaisseur des murs qui s'élèvent jusqu'à l'extrémité et sur lesquels se pratique un chemin ou trottoir qui fait le tour du four. C'est par ce chemin que l'on charge et que l'on étend le plâtre destiné à la cuisson. Cinq pieds de profondeur sont suffisans pour un four coulant ; mais, comme il est nécessaire de lui donner cinq pieds de contre-bas, afin de pratiquer les ouvertures servant à retirer les matières cuites, sa hauteur totale sera donc de dix pieds, non compris la fondation.

Les cinq pieds que l'on donne à la partie basse ne sont pas en massif ; d'abord, il y a les trois ouvertures conduisant aux portes du four, qui correspondent l'une à l'autre et forment un couloir, pour procurer la commodité d'aller de l'une à l'autre sans être obligé de sortir par la porte, ce qui est très-avantageux sous plusieurs rapports. Après que l'on aura donné aux murs les trente pouces d'épaisseur, on s'occupera de construire les couloirs, auxquels on donnera trois pieds de large, ce qui fera six pieds à déduire sur les dix de diamètre intérieur que comporte le four : il ne restera donc plus au milieu que quatre pieds pour le noyau, qui sera élevé massif jusqu'à la hauteur de cinq pieds, élévation à laquelle on ajoutera environ un pied pour la construction d'un petit mamelon (n° 2), ayant la forme d'une moitié d'œuf, afin de faire couler les matières dans les ouvertures dont j'ai déjà parlé plus haut.

En faisant les massifs et le mamelon, on donne audit four, à partir des quatre pieds de diamètre, une pente qui aboutit en mourant aux parois des murs de construction, ainsi que le représente la figure 9, planche III.

Le n° 1 de cette planche représente les murs de construction faits d'aplomb : on voit, sur le trottoir pratiqué sur ces murs, un homme dirigeant le feu et plaçant les matières; de ce côté, les terres sont au niveau de la hauteur du four, ainsi que je l'ai figuré par un trait. Il n'y a pas de partie désignée à être ainsi adossée : ce peut être à droite ou à gauche, suivant la volonté. Le n° 2 est le noyau ou massif de quatre pieds, placé au milieu du four, s'élevant à la hauteur de cinq à six pieds, pour en clore le fond et supporter les murs de droite et de gauche. Le n° 3 est l'intérieur du four, dans lequel on voit établies des couches de marchandises ; les n°ˢ 3 *bis* sont les ouvertures par lesquelles on retire les matières cuites. Comme j'ai donné la coupe du four, afin de mieux faire juger de ses dispositions intérieures, il n'a pas été possible de figurer les ouvertures qui doivent être divisées en tiers sur la circonférence du cercle que décrit le fond du four : on voit aussi le couloir. Le n° 4 représente les murs en pente qui forment le four et qui sont d'une épaisseur proportionnée à leur distance.

Ces espèces de fours ont l'avantage de cuire continuellement ; on défourne dans le bas, ce qui s'enfourne par le haut. Ils sont fort communs en Angleterre, en Hollande, en Belgique. En France, et dans le Lyonnais surtout, on y fait cuire la chaux comme le plâtre : car ce sont ces fours qui sont le plus en usage. Pour cuire la chaux ou le plâtre par ce procédé, il faut se rendre compte de l'épaisseur que les matières doivent avoir et de la quantité nécessaire de charbon ; car j'ai déjà dit plus haut que la cuisson de la chaux était plus longue et exigeait une chaleur beaucoup plus élevée que celle du plâtre.

Quand on a acquis ces connaissances, ces fours deviennent très-faciles à diriger ; on n'a pas à craindre que la matière soit trop ou pas assez cuite, ni que le feu soit trop fort ou trop faible. La cuisson, qui a lieu nuit et jour, une fois le four chargé, s'opère sans l'aide de personne ; et il ne faut que mettre et retirer au fur et à mesure pour que cela n'arrête pas. Lorsque l'on est pour mettre le feu dans ces fours, on introduit par les trois ouvertures basses du bois bien sec que l'on recouvre de charbon ; puis on allume, et le feu se communique de toutes parts. Il serait bon de placer des portes à ces ouvertures, du côté où le vent a le plus de force, afin de ne pas mener le feu trop vite. La quantité de charbon est une couche d'environ quatre pouces d'épaisseur sur la surface totale du four. Les pierres, que l'on étend de même sur le charbon, forment une couche d'un pied d'épaisseur. Mais il n'y a pas de règle fixe : cette épaisseur varie suivant le plus ou le moins de dureté et de grosseur des pierres de plâtre ou de chaux et suivant la plus ou moins grande chaleur que donne le charbon.

Je ne puis donc préciser les quantités nécessaires ; mais j'invite les amateurs à faire par eux-mêmes des expériences qui leur profiteront plus que la théorie. Je pourrais m'étendre plus loin et parler d'autres fours dont on se sert; mais j'ai cru devoir m'arrêter aux plus commodes et le plus généralement en usage.

Des meules verticales employées dans des pays pour pulvériser le plâtre.

Dans les pays où j'ai vu cuire le plâtre au moyen de fours coulans, j'ai aussi remarqué que l'on se servait, pour le pulvériser, de manéges que mettaient en mouvement des meules montées verticalement et semblables à une roue de voiture roulant à l'ordinaire. Ces meules sont assez généralement en pierre; j'en ai cependant vu qui étaient en fonte. Il est vrai qu'elles n'étaient pas massives, et l'on avait dû les couler d'une seule pièce : il y avait à ces meules un moyeu et des rais qui maintenaient de distance en distance la face représentative de la meule; elles roulaient sur une aire en fonte aussi coulée d'un seul jet. Ce manége était très-propre et bien solide; mais son usage est rare, et j'en ai peu vu.

Le plus communément les meules sont en pierre : pour établir un manége, on devra se procurer un bloc de pierre dure de trois à quatre pieds de diamètre environ, sur un pied de largeur; on le taillera bien rond, puis on le

percera au milieu , et la meule se trouvera préparée. Ce n'est pas tout : elle doit tourner sur
une aire; cette aire sera de même en pierre
dure et aura environ six pieds de diamètre. A
quatre pouces du bord, on trace un cercle, en
partant du milieu; puis on en décrit un autre à
quinze ou seize pouces en dedans du premier.
Entre ces deux cercles, on entaille tout autour
une voie de deux pouces de profondeur; c'est
dans cette partie creuse que se placera le plâtre
et que la meule tournera.

Au milieu de cette aire, on plante un arbre
en fer ou en bois, maintenu dans le bas par un
tourillon que l'on peut sceller dans la pierre,
et qui entre dans un crapaud. Cet arbre s'élève
jusqu'au plancher, s'il y en a, ou à toute autre
hauteur plus convenable, et se trouve de même
fixé dans un bourdonneau qui reçoit le tourillon, ainsi que je l'ai dit pour le manége du
moulin breveté : le tout doit être solidement as-
sujetti. A la hauteur demandée par l'œil qui est
au milieu de la meule, on place une moitié d'essieu qui passe dans l'œil de cette roue ou meule,
et que l'on fixe avec des rondelles ou des *S*,
ainsi que cela se pratique pour une roue de voiture. Le tout doit être bien fixé à l'arbre vertical.

Ceci fait , il reste encore les bras du manége
à établir et à joindre de même à l'arbre vertical.

Il est bien entendu que l'on doit faire tous ces apprêts avant de rien assujettir, car il est bien plus facile de travailler ces pièces en chantier que sur place; mais afin de se rendre compte des hauteurs convenables, il est mieux de les présenter d'abord. Revenons à nos brancards. Ils doivent être placés au-dessus de la roue, et s'avancer horizontalement de six à sept pieds, afin de pouvoir atteler le cheval. Cette pièce, qui est un arbre d'environ huit pieds de long, tient d'un bout à l'arbre vertical, et de l'autre aux brancards où s'attelle l'animal qui fait tourner le manége. Le trottoir du cheval doit être de niveau, et maintenu dans un constant état de propreté. Si l'animal n'est pas aveugle, on doit lui bander les yeux, afin qu'il ne puisse pas s'étourdir.

On emploie plusieurs moyens pour faire marcher ces manéges : j'en ai vu qui tournaient par l'eau, d'autres par la vapeur. J'ai remarqué plusieurs de ces usines où l'aire sur laquelle le plâtre se broyait était percée d'une ouverture d'environ dix pouces carrés; par ce trou s'écoulaient les matières pilées, sans qu'il fût besoin d'arrêter le tournant. Ces matières étaient conduites vers ce trou, par une raclette mobile assujettie à l'arbre de couche, dans un caveau voûté en pierres, pratiqué sous le trottoir du cheval sans que cela génât. On avait établi des gréloirs convenables au local, de manière que les mouchets sortaient d'un côté, et la fleur du plâtre de l'autre. On retirait du caveau le plâtre tout tamisé. Je n'ai pas cru devoir établir une figure pour représenter ce modèle, attendu que sa forme est très-simple, et que l'on se sert de cet appareil, sauf quelques modifications, dans les moulins à huile.

Du plâtre moulu comme le blé.

De tous les moyens que j'ai vu employer pour la fabrication du plâtre, un des plus expéditifs et des plus connus, mais cependant le moins en usage, c'est l'emploi des moulins à blé. Deux meules, chacune de six pieds environ de diamètre et d'un pied d'épaisseur, sont assises l'une sur l'autre ; celle du dessus est soutenue par un arbre d'engrenage qui la fait tourner avec vitesse sur sa parallèle. Je crois inutile de prolonger plus loin cette définition, en ce que ces sortes de moulins sont connus, et que l'on peut en trouver partout. On les fait tourner par l'eau, le vent, le manége, la vapeur, selon les localités.

Plusieurs fois je me suis trouvé à travailler chez des meuniers ; on nous faisait moudre le peu de plâtre qui nous était nécessaire, et je remarquais qu'on ne pouvait pas suffire à mettre la matière dans le trou d'engrenage. Plus tard, je vis des moulins qui en fabriquaient pour le commerce; car il y a des contrées où l'on emploie le plâtre en grande quantité pour l'engrais des terres. Depuis, j'ai vu une forte fabrique élevée par un maître-plâtrier artiste qui avait monté un moulin à vent tout auprès de ses fours; et c'est là que j'ai vu mise à exécution l'idée qui m'en était déjà venue. Je remarquai que ce moulin, quoiqu'il fût soumis au gré du vent, pouvait moudre de vingt à vingt-cinq milliers de plâtre par jour, et aisément deux mille à l'heure. Que l'on juge maintenant quels grands avantages procure l'emploi de ces moulins, surtout si l'on considère que le produit en est aussi fin que la farine, et que l'on n'a besoin que de placer des sacs au conduit, pour qu'ils soient presque aussitôt remplis.

Je n'ai pas vu d'appareil plus expéditif, et je ne vois d'autre inconvénient à s'en servir que dans la différence que les carrières ont entre elles, par rapport aux pierres que l'on en tire, et parmi lesquelles se trouvent mélangées quelques pierres étrangères ou cailloux, dont la nature très-dure pourrait arrêter ou faire soulever la meule tournante, et causer des dégâts considérables. Mais on peut obvier à cela, en éloignant ces sortes de matières, lorsque l'on casse les pierres pour les disposer à passer sous la meule, opération pour laquelle elles devront être morcelées et réduites au plus à la grosseur d'un œuf.

Je terminerai sur la fabrication du plâtre en invitant les amateurs à fixer eux-mêmes le choix de l'instrument qu'ils jugeront convenable en raison de leur position individuelle.

De la diminution que subit le plâtre en cuisant.

Le plâtre éprouve, en cuisant, une diminution assez sensible dans son poids, et une moindre variation dans sa grosseur, ce qui prouve qu'il est composé d'une partie aqueuse qui s'évapore à la chaleur du feu, et qui fait voir que le plâtre cru doit être remisé dans des lieux humides et frais; car la chaleur seule du soleil suffit pour le dessécher, et conséquemment l'altérer.

C'est d'après cette expérience, et pour obvier à cet inconvénient, que j'ai décrit le moyen de le conserver. J'ai fait plusieurs essais pour constater cette diminution et le degré auquel elle s'opérait, et j'ai reconnu de la variation tant par le trop de cuisson que par le cas contraire. La différence des carrières était aussi une raison de cette variété. Je n'ai donc pu évaluer

la diminution qu'à un cinquième du poids primitif; encore la trop ou pas assez grande cuisson
la faisait varier non moins que la différence de
qualité. Il faudra donc se guider sur la diminution d'un quart dans le poids, et d'un
dixième sur sa grosseur. C'est à peu près le
mode le plus ordinaire.

*Des pierres de plâtre qui ne sont pas assez cuites, et
que l'on nomme pigeons; ce qu'il faut en faire.*

Comme il arrive presque toujours qu'en faisant cuire une quantité de plâtre, il s'en trouve
qui n'est pas cuit, on doit éviter de le mêler
avec celui qui l'est, car cela serait en pure perte
pour l'ouvrage et pourrait faire un mauvais effet;
même le plâtre à demi cuit, que l'on nomme *plâtre
vert*, fait toujours un mauvais usage étant employé seul. En conséquence, il serait à propos,
lorsque l'on triera le plâtre, d'écarter le cru ou
celui qui n'est pas assez cuit. Si l'on peut le dé-
biter, on fera bien de le vendre pour engraisser
les terres, parce qu'il n'a pas besoin d'être bien
cuit pour être ainsi employé. L'on s'en sert dans
bien des localités : dans la Beauce, en général, on
ne le fait pas cuire, et on le réduit en poudre au
sortir de la carrière; les habitans prétendent par-
là qu'il dure plus long-temps et qu'il prend moins
l'humidité, qui nuit à la maturité des récoltes.

3.

Si l'on n'a pas de débouchés, on met ces pigeons ou biscuits de côté, pour être remis au four à la prochaine occasion. Ce plâtre, qui a déjà subi une certaine chaleur, est d'autant moins dur à cuire qu'il approche plus près du degré de cuisson nécessaire. En conséquence, il doit être plus éloigné du feu que l'autre, et c'est avec ces parties qu'on complète le chargement. Toutefois, parmi ces pierres, il s'en trouve qui ont un côté assez cuit ; il faut de même les mettre à part pour être employées, et c'est avec soin et précaution que l'on doit faire tous ces préparatifs.

Du vieux plâtre ou plâtras ; quel usage on peut en faire.

Le plâtre qui a été mouillé, ou qui a déjà servi et qui provient des démolitions, peut encore être utile, pourvu qu'il ne soit pas mélangé avec d'autres matières. S'il est dans son état naturel, il peut servir à l'ouvrage du bâtiment, en le faisant recuire avec précaution ; en outre, il peut servir à l'engrais des terres, sans subir une nouvelle cuisson. Pour l'employer utilement à la construction, il faut, comme je viens de le dire, le faire cuire avec précaution : étant naturellement plus tendre que celui qui sort de la carrière, on doit avoir soin de le tenir éloigné du feu autant que possible. Il s'emploie avantageusement pour bâtir des briques sur champ ; il remplace le plâtre neuf dont on se sert ordinairement pour ce genre de construction.

J'ai éprouvé à quel point ce plâtre cessait de prendre ; et, en faisant cette expérience avec du plâtre de Montmartre (près de Paris), je me suis convaincu qu'il pouvait être recuit jusqu'à trois fois dans des fours de boulanger. On trouverait une grande économie par ce procédé, surtout dans les pays où le plâtre est d'un prix élevé. Il est aussi bon, pour servir d'engrais, que le plâtre vif, excepté qu'il en faut une plus grande quantité. On est dans l'usage de mettre une livre (demi-kil.) par toise carrée de ce vieux plâtre dans les terres que l'on engraisse, tandis qu'on ne met qu'une demi-livre (quart de kil.) de plâtre vif dans une même quantité de terrain. Ce n'est pas cependant une règle ; car j'ai vu des pays où l'on n'employait qu'un huitième de kilogramme : toutefois je dirai que c'est bien peu pour une toise, car ce n'est qu'une poignée. Je désirerais que l'on pût l'étendre partout et sur une surface de six pieds carrés ; je crois qu'une demi-livre n'est pas de trop, attendu que le plâtre, n'étant pas brûlant, ne peut que bien faire.

Moyen de reconnaître le bon plâtre en poudre.

Il n'est pas toujours possible de reconnaître la bonne qualité du plâtre en le voyant, ni même en le touchant, quoiqu'il y ait des endroits où les carrières permettent d'en juger par le toucher : et en le pressant dans les doigts s'il résiste, on présume qu'il est bon. Mais cette règle n'est ni sûre, ni commode, en ce qu'il n'y a que les fabricans et les ouvriers plâtriers qui pourraient le reconnaître; encore peuvent-ils s'y tromper : il faut donc essayer par soi-même, afin de pouvoir en juger.

En conséquence, pour reconnaître si le plâtre en poudre est bon, on se procure un plat creux vernissé. Dans ce vase, on verse de l'eau de rivière, plus ou moins, suivant ce que l'on veut essayer, mais toujours en la mesurant soit par litre, demi-litre ou quart de litre. Ceci fait, on prendra la même mesure ou quantité de plâtre que l'on mettra dans l'eau en le semant sur toute la surface. Il faut aussi que les deux corps soient pesés afin d'être égaux en poids. On remue pour aider à ce que le plâtre se mêle à l'eau ; et quand il est ainsi bien mêlé (ce qui doit se faire dans l'espace de deux ou trois minutes), on le laisse reposer le même laps de temps pour le remuer une seconde fois. Mais il doit dès ce moment commencer à s'épaissir ; s'il en est ainsi, on le remue le plus promptement possible, afin de le laisser continuer à se durcir : un quart d'heure au plus suffit à cette opération. On voit quel degré de dureté il acquiert ; mais si, au contraire, il ne s'est que faiblement épaissi, ce sera un signe que le plâtre a peu de valeur.

S'il est bon, il ne faut pour le gâcher que deux parties d'eau sur une partie de plâtre. Cette matière bien gâchée doit devenir, dans l'espace d'un quart d'heure, aussi dure qu'une pomme de terre ; et si l'on met mesure égale, c'est-à-dire autant de plâtre que d'eau, il deviendra beaucoup plus dur ; et si l'on mêle deux parties de plâtre pour une partie d'eau, sa consistance sera celle d'une brique prête à cuire ou comme de la pierre tendre : l'on peut donc ainsi varier le degré de force suivant la volonté et la nécessité de celui qui doit l'employer. Si le plâtre n'épaissit pas, il ne vaut rien pour la construction ; il n'est plus bon qu'à servir d'engrais. On peut établir qu'il n'est pas bon, sans pourtant pouvoir préciser quelle peut en être la cause ; car cela peut provenir de ce qu'il est anciennement cuit ou éventé, et s'il était fraîchement cuit, cela dénoterait qu'il est brûlé ; enfin, quand il n'épaissit pas, il ne faut pas s'en servir pour le bâtiment, à moins de le mêler avec du plâtre vif ou vert. Ce mélange le rendrait propre à être employé et augmente-rait sa qualité.

Moyens de conserver le plâtre en poudre.

Quoique j'aie lu quelque part, et que des architectes assurent que le plâtre ne peut pas se conserver une fois cuit et réduit en poudre, et que souvent ils établissent dans leur devis qu'il ne sera employé que du plâtre fraîchement cuit, cela n'empêche pas de dire qu'ils ont oublié de fixer l'époque à laquelle il pourrait ne plus être apte à servir.

Si l'on veut en croire un plâtrier qui en a employé pendant vingt années, et qui s'est plu-sieurs fois trouvé à la portée de bien en juger, je vais en toucher quelques mots, en invitant les amateurs à en faire par eux-mêmes l'expé-rience.

En 1818, je travaillais comme ouvrier à Vienne, département de l'Isère, chez un maître qui faisait cuire et pulvériser son plâtre pour cinq à six mois ; je me suis donc trouvé à même d'en employer tout le temps qu'il y en eut, et, par ce moyen, je puis en parler plus savamment : eh bien ! je dirai que ce plâtre, qui sortait des carrières de Bourgogne, était encore bon pour les bâtimens dans le sixième mois après sa cuisson. Il est vrai qu'il fallait le gâcher un peu fort, car il avait perdu de sa qualité ; mais c'est une manière d'établir qu'il peut se conserver long-temps. Cependant je ne conseillerai de se baser sur cet avis, que lorsqu'on y sera forcé par les circonstances. En outre, les qualités différant entre elles ne permettent pas de rien décider.

Les plâtres que j'ai connus pouvaient aisément se conserver trois mois, et même plus, en prenant les précautions nécessaires : toutefois, il se conserve davantage en grande quantité qu'en petite, parce qu'il est plus à l'abri de l'humidité et de l'air. Il y a cette différence entre le plâtre et la chaux, que l'on connait quand celle-ci se gâte ou s'altère, tandis qu'il est impossible de s'en apercevoir pour le plâtre ; les mêmes causes produisent cependant sur ces matières les mêmes effets d'altération. Chaque fois que l'on voudra conserver du plâtre, il s'agira de lui éviter la communication de l'air et de l'eau, et à cet effet, je conseillerai de tenir cette marchandise dans des tonneaux ou dans des encaissemens boisés et bien clos, ainsi que l'on est en usage de faire pour conserver le ciment.

Ces cimens que l'on transporte sont placés dans des barriques recouvertes de papier et puis goudronnées par dessus, et sont inaccessibles à l'air ; et je serais fondé à croire que si l'on usait de cette précaution pour le plâtre, il pourrait se conserver un an. Mais le plus ordinairement, dans les fabriques de plâtre, on choisit l'endroit le plus sec, que l'on fait clore par des briques posées sur champ ; puis on établit un plancher carrelé, que l'on recouvre ensuite d'une boiserie, parce que le bois est moins accessible à l'humidité que toute autre espèce de clôture qui serait établie en maçonnerie. Et quoi qu'en disent ceux qui ont écrit sur cette matière, et qui prétendent que le plâtre doit être employé sitôt qu'il est cuit, je prétendrai, moi, que ce n'est pas une règle à laquelle on puisse s'attacher. Tous les plâtres que j'ai eu l'occasion d'employer étaient meilleurs quinze jours après la cuisson que le lendemain, et l'on fera toujours de l'ouvrage plus recevable avec des plâtres qui auront subi ce laps de temps entre la cuisson et leur emploi ; surtout si l'on a des plafonds à faire, on y trouvera un grand avantage.

En conséquence de ce que je viens de dire, un plâtrier doit avoir un local bien sain et abrité du vent pour entreposer ses marchandises, dans lequel il devra faire établir des grandes boîtes bien closes; on y pratiquera plusieurs séparations qui recevront les différentes qualités et les plâtres plus ou moins fins. Dans la première sera placé le gros plâtre ou plâtre gris ; dans la deuxième sera le plâtre blanc ordinaire; dans la troisième, on mettra le plus blanc et le plus fin. Il faudra construire dans ces deux dernières séparations, environ au milieu, une cloison de planches à coulisse qui puisse se mettre et s'enlever à volonté, afin de séparer le vieux plâtre du nouveau. Par ce moyen, on évitera l'encombrement que pourraient occasionner les ouvriers en mélangeant le plâtre vieux cuit avec le nouveau ; l'on pourra faire renouveler les fonds de caisse. Si les magasins sont exposés au vent, il pourra être adapté des couvercles au besoin.

Des sacs à plâtre.

La figure 11 *bis*, planche IV, représente ces sacs pleins.

Pour transporter le plâtre, même à une distance de quinze à vingt lieues, on se sert de sacs en toile. Ce n'est pas le meilleur moyen, attendu qu'il se trouve exposé à l'air et à la pluie; il serait mieux de se servir de tonneaux. Mais, à ce défaut, on doit avoir des voitures couvertes ou bien abritées par de la paille. On ne saurait trop prendre ces précautions, attendu qu'une forte pluie peut survenir instantanément, et que cette marchandise craint l'eau, puisqu'elle ne peut servir une fois mouillée.

Mais pour l'emploi journalier, le meilleur procédé est de se servir de sacs. Un maître plâtrier doit donc, en conséquence, faire confectionner un grand nombre de sacs d'une grandeur et d'une façon uniformes; ces sacs doivent être marqués à son nom et numérotés pour éviter qu'ils ne se perdent. La grandeur la plus convenable est, je crois, celle qui peut contenir un cent pesant. C'est la plus facile à porter, même à une distance éloignée, et il n'y a pas à craindre de faire erreur dans le compte, chacun de ces sacs contenant un cent, lequel correspond à un demi-hectolitre, autrement dit quatre quarts ou quatre boisseaux. Lorsqu'on voudra donc établir ces sacs, on disposera la toile ainsi qu'il suit, savoir : trente-trois pouces pour la hauteur ou trois quarts d'aune, et vingt-neuf pouces, ou deux tiers, pour la largeur; on pourra les tenir un peu plus amples, car je crois trop juste cette mesure, bien qu'elle contienne le poids dont j'ai parlé.

Du pesage et du mesurage du plâtre.

On vend et on achète le plâtre de plusieurs manières, surtout en pierre crue. J'en ai vu vendre au mètre cube, ce qui répondait au poids de deux milliers pesant : ce qui porterait la toise cube à seize mille livres ; je crois que ce n'est pas bien précis, il s'en est trouvé qui pesaient dix-sept milliers. Comme le plâtre était abondant dans ces pays, la différence était tantôt pour l'un, tantôt pour l'autre ; ce qui la réduisait à peu de chose.

Dans d'autres endroits, on le mesurait au tonneau. Un de ces tonneaux, contenant ordinairement deux cent vingt litres de plâtre cru, pouvait peser de six à sept cents ; en plâtre cuit et pulvérisé, il pesait de cinq cents à cinq cent cinquante. Ailleurs, on le mesure ; et, pour en peser une certaine quantité, on choisit des hommes, portefaix ou autres, auxquels on paie douze à quinze centimes par mille, et deux hommes intelligens peuvent en peser de quarante à cinquante mille par jour. En pesant le plâtre, soit avec des fléaux, soit à la bascule, on arrivera plus juste qu'à la mesure. Mais c'est surtout lorsqu'il est pulvérisé qu'il est de toute nécessité de le peser ou de le mesurer avec le boisseau dont se sert le commerce. Ceux en usage aujourd'hui sont des huitièmes d'hectolitre, pesant vingt-cinq livres, étant au ras ; ce qui met le demi-hectolitre à un cent, et l'hectolitre à deux cents. En employant les sacs dont j'ai parlé, il serait facile d'en mettre dans le commerce une grande quantité, sans craindre aucune erreur.

J'ajouterai que la pierre en bloc est plus lourde que celle détaillée. Je passe sous silence les causes qui établissent cette différence ; elles sont d'ailleurs faciles à deviner. Mais je dois dire qu'un bloc pèse ordinairement de cent vingt-cinq à cent trente livres ; que le poids d'un pied cube de plâtre en poudre est habituellement d'un cent : le pied cube contient un demi-hectolitre. Cette mesure est à peu près générale et peut servir de base. Le plus ou moins de foulage que l'on donne au plâtre pourrait faire varier de quelques livres ; car il s'entasse très-facilement. Le pied cube est composé d'un cent de plâtre cuit et mis en poudre, ou quatre boisseaux ou demi-hectolitre. Le demi-hectolitre contient deux mille cinquante pouces cubes ; et le quart d'hectolitre, mille vingt-cinq, de même que le huitième porte cinq cent douze pouces et demi pesant vingt-quatre à vingt-six livres : vingt pouces et demi de plâtre cuit et pulvérisé pèsent une livre. En pierre crue, ce ne sera que quatorze pouces cubes.

Dans tous ces calculs et produits, il peut existe de la variation ; mais elle ne doit pas empêcher de se servir de ce moyen, car il est un des plus expéditifs.

DEUXIÈME PARTIE.

De celui qui l'occupe, un ouvrier sensé
A garder l'intérêt est toujours disposé.

Des échafaudages.

Un bon assortiment d'échafaudages est d'une grande utilité pour le maître-plâtrier : car quand il faut chercher de côté et d'autre pour se procurer des perches, ou des planches de longueur nécessaire, ou des filières de bois-montant, on perd beaucoup de temps, et encore trouve-t-on difficilement ; ensuite l'on rogne aujourd'hui ce qui pourrait servir demain ; de façon qu'il ne reste bientôt plus que des rognures en place du demi-assortiment que l'on possédait. Au contraire, lorsque l'on est bien assorti, et que l'ouvrier qui doit s'en servir veut y porter attention, on n'a qu'à prendre les mesures convenables et à les approcher pour les fixer solidement.

Un plâtrier doit avoir, premièrement, une douzaine de planches de sapin ou bois blanc, le plus fort et le plus léger possible; il faut qu'elles aient une longueur de douze pieds sur un pied environ de large et quinze à seize lignes d'épaisseur; deuxièmement, une douzaine de planches aussi larges et aussi épaisses que les premières: seulement, elles seront plus courtes de deux à trois pieds; troisièmement, une autre douzaine de planches de même nature et qualité que les précédentes, mais qui n'auront que sept à huit pieds de longueur; enfin, une quatrième douzaine en tout semblable aux trois autres, mais dont la longueur ne sera que de cinq à six pieds.

Il y a des plâtriers qui ont un assortiment plus considérable. Mais c'est en conséquence de la force de l'établissement.

A cet assortiment de planches on doit joindre des perches et filières, toujours en bois fort et léger, dont six de quinze à seize pieds de longueur, même plus, six de douze pieds, six de dix pieds, six de huit pieds, et six de six à sept pieds, etc. Ce nombre peut être doublé, en variant leur longueur. Pour attacher ces échafaudages, il faut au moins deux douzaines de cordages en bon chanvre et qui aient de huit à dix pieds de longueur et environ neuf lignes de diamètre; plus une demi-douzaine de jambes de force, représentées figure 10, planche IV, de différentes hauteurs, depuis six pieds jusqu'à dix. Tous ces ustensiles complètent l'assortiment du plâtrier, et doivent être en bois fort, léger et bien sain, afin qu'ils soient plus maniables ; et comme leur nom varie, suivant les localités, j'ai cru devoir représenter l'objet (figure 10, planche IV). Je laisse aux lecteurs la faculté de les nommer suivant leurs habitudes. J'ai figuré aussi une jambe de force que je regarde comme indispensable. Elle doit être faite en bois bien sec et bien léger, en observant que plus on lui donnera de hauteur, plus elle doit être solide. Ainsi, si l'on veut en établir une de huit pieds d'élévation, on se procurera un montant de quatre à cinq pouces de large et de deux pouces d'épaisseur. Le n° 1 représente cet arbre montant, assemblé dans une traverse (n° 2), qui aura également deux pouces d'épaisseur et trois pieds environ de longueur, et dans laquelle l'arbre montant entre par tenons et mortaises. Les deux pièces de force (n° 3) sont aussi apposées de la même manière et viennent obliquer sur l'arbre (n° 1), pour se fixer solidement à tenons et mortaises.

Cette jambe de force se compose de quatre morceaux de bois. Au-dessous de la pièce n° 2, qui est la partie qui pose à terre, j'ai figuré une entaille ou élargissement pratiqué pour que les deux extrémités touchent à terre et fassent éviter un mouvement qui aurait inévitablement lieu si c'était le milieu qui portât.

L'usage de ces jambes de force est d'une grande commodité pour les échafaudages isolés : car ce sont elles qui maintiennent les diverses parties suspendues par les cordes (n° 4); ces dernières sont à nœud coulant, afin de pouvoir les monter et les descendre au besoin.

Il arrive quelquefois que l'on est obligé d'échafauder à des hauteurs extraordinaires; il serait assez convenable de se servir de ce procédé. L'on peut cependant y suppléer en faisant avec de longues perches un X qui est attaché en haut, et à la jonction des bras de la croix que forment ces deux arbres; par une bonne corde qui l'entrelace; il se trouve amarré dans le bas par un autre lien, afin de maintenir l'écartement, ainsi que la figure 12 le représente. On le nomme diversement : les uns disent un X, d'autres lui donnent le nom de croix Saint-Martin, de chèvre; mais le nom que l'on peut lui appliquer est de peu d'importance; et c'est plutôt l'utilité qu'il faut envisager.

La hauteur des échafaudages est subordonnée à la taille des ouvriers; c'est-à-dire que pour latter un plafond, on travaille à son aise à quatre pouces au-dessous des solives; mais pour le dégrossir et l'enduire, on doit en être à deux pouces. Quand on fait des corniches, il faut que la tête touche au plafond; mais pour les moulures d'encadrement, on doit être à la même distance que pour faire le lattis.

Des chevalets à échafauder.

On nomme communément *chevalets*, les instrumens montés sur quatre pieds, à cause de leur ressemblance avec cet objet. Ils sont très-commodes, surtout depuis qu'on y a adapté des coulisses par le moyen desquelles on les monte à la hauteur que l'on désire. Mais avant que cet appareil fût connu, combien de temps ne perdait-on pas pour faire même un petit échafaudage? et je m'étonne qu'il y en ait si peu, et qu'on ait attendu si long-temps pour construire un appareil aussi simple, et dont la confection demande si peu de temps. Je pense qu'ils ne sont pas encore assez connus; et afin de répandre leur usage, je vais les figurer semblables à ceux que j'ai confectionnés moi-même, sans modèle, ni sans jamais en avoir entendu parler. C'est après de nombreuses recherches pour arriver à la célérité de l'établissement des échafaudages, que j'ai imaginé l'appareil très-simple dont je vais donner la description.

La figure 13, même planche, représente un chevalet vu de face; il est long de trois pieds, et sa hauteur est de deux pieds six pouces. Dans sa partie supérieure B, se trouve une traverse (n° 1) ayant quatre pouces de large et un pouce et demi d'épaisseur ; dans ladite traverse, les quatre pieds montans (n° 2) viennent se fixer, et y sont assemblés à tenons et mortaises. A huit ou dix pouces plus bas que cette traverse (n° 1), il s'en trouve une seconde (n° 3); mais elle est moins longue et moins épaisse que celle qui lui est supérieure, en ce qu'elle vient aboutir aux jambages, qui ont de deux à trois pouces en dedans, comme on peut s'en rendre compte d'après le tracé de la figure. A quatre ou six pouces du bas des jambettes, se trouve une autre traverse (n°4), qui sert à maintenir leur écartement : quatre pouces de large et un pouce d'épaisseur sont suffisans pour la dimension de ces pièces, et à chaque extrémité il y a un assemblage d'équerre qui vient s'adapter aux jambettes, comme on peut le voir par la figure 14, ou n°s 3 et 4 de la planche IV.

Toutes ces pièces, débitées et prêtes à être assemblées, sont laissées momentanément de côté, pour s'occuper des coulisses qui doivent glisser à volonté dans les traverses (n°s 1 et 3); ces coulisses, qui sont figurées dans le tracé du chevalet, sont pratiquées dans la traverse et le n° 5, qui sont assemblés à tenons et à mortaises. On voit aux deux coulisses (n° 6) des trous percés à la distance de trois pouces, et qui ont un diamètre de six à huit lignes ; ils sont destinés à recevoir des chevilles que l'on place à hauteur convenable. Ce sont donc ces coulisses qui font tout l'avantage de ces chevalets ; elles s'ajustent dans les traverses (n°ˢ 1 et 3) en passant par le milieu de ces pièces, et par des entailles disposées selon la largeur et l'épaisseur de ces coulisses. Il est à propos d'en avoir de plusieurs grandeurs, c'est-à-dire deux d'environ deux pieds, et deux de trois pieds de hauteur, qui, faites sur le modèle des premières, pourront agir dans les mêmes couloirs ou montans, ainsi que l'on doit bien le penser.

J'engage les plâtriers qui n'en ont point encore, à en faire usage, et ils ne tarderont pas à être convaincus de la commodité de cet appareil. Pour être bien assorti, il est nécessaire d'en avoir de différentes dimensions ; mais, de quelque hauteur qu'ils soient, ils devront être en bois fort et léger, afin de présenter de la solidité et plus de facilité à les transporter dans le chantiers. Ainsi, les chevalets que je représente, ayant trois pieds d'élévation avec des coulisses de même hauteur, lesquelles ne doivent s'élever qu'à deux pieds au-dessus du chevalet, un pied devant rester dans les tra-

verses pour empêcher tout mouvement contraire à la solidité, permettent à un homme
d'une taille de cinq pieds de pouvoir travailler
à dix et onze pieds d'élévation, et de descendre de trois pouces en trois pouces jusqu'à
la hauteur de huit pieds. En utilisant les traverses qui sont dans les jambettes, on descend
à six pieds de contre-bas ; en sorte qu'à l'aide
de ces chevalets, on peut échafauder depuis six
pieds jusqu'à dix, sans qu'il soit besoin d'autre
appareil. On jugera par là quels avantages
procurent ces tréteaux, dont le prix est de huit
à dix francs pour la paire, et qui, par la commodité que procure leur usage, ont bientôt indemnisé l'acquéreur d'une aussi modique dépense.

Des échelles.

Les échelles sont indispensables pour échafauder. Il en faut de plusieurs longueurs, afin
d'atteindre toutes les hauteurs possibles. J'en
avais fait établir qui me servaient d'échelle
double au besoin, et même de simple quand
cela était nécessaire. Voici comment je m'y étais
pris.

J'avais fait faire deux échelles, chacune de
six pieds de long, mais dont l'une était plus
large dans le bas que l'autre. Afin de présenter

une assise plus solide, j'avais donné à la première deux pieds dans le bas, et seize pouces dans le haut; la seconde partie, destinée à s'adapter à la première, avait la même dimension que le haut de celle-ci, seulement cette largeur était égale du bas en haut. Ces deux échelles, destinées à être entées l'une sur l'autre, s'assemblaient, à leur extrémité, par une tringle de fer traversant leurs quatre bouts montans; les trous destinés à la recevoir étaient percés bien parallèlement, ainsi qu'il sera facile d'en juger par la figure 15, planche V. La tringle les traversait sans difficulté, et j'avais une échelle double (n° 1 de la même planche).

Si je voulais, en faire une de huit à dix pieds, je démontais cette échelle double en retirant la tringle dont je viens de parler. J'avais fait poser dans le haut de la plus large deux crampons ou bourdonneaux à demi ouverts (figure 17, planche V), dans lesquels glissait l'échelle (n° 2, figure 16, même planche). A chaque pied de cette dernière, se trouvait une agraffe qui venait saisir les bâtons de l'échelle (n° 1), et procurait ainsi, d'échelon en échelon, la faculté d'atteindre la hauteur de six à dix pieds. Cette échelle était de bon service et d'un maniement agréable. J'ai vu des échelles à incendie, montantes à coulisses, par parties de huit à neuf pieds, jusqu'à trente de hauteur, par le moyen d'un cric : ce sont des machines remarquables.

Des auges ou gâches.

L'on donne la dénomination d'*auges*, *gâches* ou *caisses*, aux vases dans lesquels le plâtre est gâché. Le nom le plus convenable devrait être *gâche*, attendu qu'il dériverait de la destination donnée à cet ustensile : par ce nom, nous entendrons les baquets disposés à l'usage du plâtre gâché. Il y en a de deux sortes, et dont la forme est différente. Les plus en usage, parmi les ouvriers français, sont celles que représente la figure 18, planche V, et que l'on nomme *gâches à la française*. Les gâches dites *à l'italienne* sont celles qui ont un double fond. Je vais décrire la grandeur et la forme que doivent avoir les gâches dites *à la française*.

La figure citée ci-dessus représente une de ces gâches vue de côté ; elle est construite avec cinq morceaux de planches et deux liteaux qui sont figurés à chacun des petits côtés. On établit le fond en bon bois de noyer ou de chêne ; ce fond peut avoir deux pieds de long, sur neuf à dix pouces de large. Après, on coupe les planches destinées à faire les joues à la longueur de deux pieds pour le bas-côté du fond ;

et deux pieds trois pouces dans le haut ; elles doivent être sciées en pente, ainsi que la figure le représente ; on établit ensuite les petits côtés dans la même proportion, puis on place les deux épaisseurs des joues que je suppose en bois d'un pouce, ce qui donnerait pour toutes les parties basses onze pouces, et trois pouces de plus pour l'évasement : en tout, quatorze pouces en haut et onze en bas. Ces cinq pièces établies, on les assemble à leur place, à queues d'aronde, ou bien on les cloue avec de grandes pointes assez rapprochées les unes des autres, et la gâche est établie. L'on met ensuite à chaque côté un liteau d'environ un pied de long et d'un pouce à quinze lignes de saillie, et que l'on assujettit aussi avec des pointes, à un pouce ou deux du haut bord. Ces liteaux sont très-utiles en ce qu'ils servent de poignée pour prendre la gâche, dont la profondeur ordinaire est de sept à huit pouces.

Ainsi ce sont des planches de huit pouces qu'il faut pour faire les quatre côtés qui forment l'encaissement (Voy. figure 19). Il est bon d'en avoir un assortiment et quelques-unes de moindre dimension pour faire les petits ouvrages. Ces gâches sont donc commodes et avantageuses, en ce qu'elles peuvent beaucoup contenir et servir à transporter d'un chantier à l'autre tous les outils nécessaires; tels que les joues, taloches, truelles, etc., et qu'elles peuvent facilement se porter sur l'épaule.

Des gâches à double fond, dites à l'italienne.

J'ai représenté (figures 20, 21, 22 et 23, planche V) ce genre de gâche, afin de mieux en spécifier la forme. On se sert pour les construire du même bois que les autres, mais la façon est tout-à-fait différente, car on trouve dans ces gâches deux fonds dans une seule caisse : il ne faut de même que cinq planches et deux liteaux. Le fond n'est pas placé de même : on l'établit dans le milieu des joues et d'une corne à l'autre (V. figures 21 et 22). Les fonds sont représentés par les lignes où se trouvent des truelles ; ces genres de gâches n'é-tant pas évasés, l'ouverture n'est pas plus large que le fond.

La figure 20, planche V, représente une gâche vue dans le fond, ayant vingt-six pouces tout compris, ce qui ne reviendrait qu'à deux pieds, déduction faite de l'épaisseur du bois des petits côtés ; mais, autant que possible, elle doit avoir en hauteur et largeur dix pouces ainsi ré-partis, savoir : sept pouces de profondeur, deux pouces de bord et un pouce pour l'épais-seur du fond : en tout dix pouces. Cette dimension est ordinaire ; toutefois, l'on peut en avoir de plus grandes ou de plus petites. Une gâche de seize pouces de long et de neuf à dix de large, sur sept à huit pouces de haut pour les joues, serait très-commode pour les petits ouvrages.

La figure 22, planche V, représente une gâche évasée et qui est en pente des deux côtés de sa longueur. Ces genres de gâches ont l'avantage d'avoir deux fonds dans une même caisse ; de manière que si l'on avait à employer du plâtre de deux nuances, il ne faudrait que la tourner d'un côté ou de l'autre. Il n'est pas nécessaire de l'élever d'un côté, ainsi que l'on fait pour les gâches dites *à la française*, puisque la pente se trouve naturellement établie.

Ces gâches ont encore l'avantage d'être très-solides et la sécheresse leur nuit beaucoup moins qu'aux autres, en ce qu'elles sont mieux assemblées ; enfin, la figure 23 représente l'assemblage fait à queue d'aronde et le fond fixé avec des pointes de trente lignes. Le tout, bien conditionné et solidement fait par un menuisier, coûte ordinairement trois francs, et c'est le même prix que les gâches *à la française*.

Des taloches à étendre le plâtre.

La taloche est un outil indispensable pour étendre promptement le plâtre gâché. Chaque ouvrier doit en avoir une bien faite en bois de noyer. On en fait de différentes grandeurs; mais je vais donner les mesures de celle que j'ai représentée (figures 24 et 25, planche V).

Les figures 24 et 25 représentent une taloche vue du côté du manche, attendu que l'autre côté doit être bien uni et sans défaut. On voit deux petits liteaux qui traversent en dessous du manche et qui sont entaillés sur leur épaisseur dans ladite poignée et fixés par de petites pointes. Ces liteaux servent à empêcher la taloche de se tourner, ce qui peut arriver lorsqu'elle est grande. Les taloches figurées sont d'une forte dimension : elles ont quinze pouces de longueur sur neuf de large et six à sept lignes d'épaisseur; elles doivent être d'un seul morceau. La main ou poignée doit avoir onze pouces de long et deux pouces d'élévation sur dix-sept à dix-huit lignes de diamètre; on l'arrondit afin de la rendre plus maniable (Voy. figure 25, même planche). Dans les deux pouces d'élévation, on creuse des gorges des deux côtés, afin que la main et les doigts puissent l'empoigner en partie. Cette forme de poignée est très-commode ; on en fait qui sont entièrement détachées du milieu et qui ne tiennent que par les côtés, mais elles ne valent pas une poignée en gorge, comme le représente la figure 25, planche V.

Des règles.

Les règles sont de toute nécessité pour le plâtrier, en ce que l'on ne parviendrait pas à faire un ouvrage correct, si l'on ne s'en servait pas. Il est essentiel d'en avoir une bonne quantité bien assortie, attendu que tous les jours il se présente des travaux à exécuter, d'une longueur ou hauteur différentes. Si l'on n'est pas bien assorti en longueurs, on est obligé d'ajuster plusieurs bouts pour obtenir celle nécessaire, et on ne peut arriver à une justesse désirable, surtout pour les corniches, qui exigent une grande régularité.

En conséquence, j'inviterai les maîtres plâtriers à s'en procurer un bon assortiment, qui commencera à partir d'une longueur de quinze pieds, et qui, décroissant de trois en trois pouces, se terminera à trois pieds. On peut, si on le veut, doubler ces quantités, mais toujours en variant les longueurs. Il faut qu'elles aient au moins dix lignes d'épaisseur et six à sept pouces de largeur ; cette dimension procure la facilité de pouvoir les redresser plusieurs fois. Pour ce qui est des règles à corniches, il faut en avoir un assortiment des plus minces (six à sept lignes d'épaisseur), pour servir à maintenir les calibres aux plafonds, attendu qu'étant plus épaisses, elles nuiraient à l'application du plâtre.

Enfin, on ne saurait être trop assorti en règles pour avoir un établissement de plâtrier. On recommandera aux ouvriers de choisir les longueurs convenables et nécessaires, afin de ne pas être obligé de les rogner : ce sera un avantage bien lucratif, et qui ne demande que de l'attention. Les bois durs et secs, et les moins sujets à l'humidité, sont préférables : le noyer, le sapin sans nœuds, le frêne, les planches écartelées font de très-bonnes règles.

Des truelles.

Il est si nécessaire au plâtrier d'être bien assorti en outils, que je ferai mon possible pour en faciliter la connaissance et l'emploi. Quoique j'aie souvent entendu dire qu'un mauvais ouvrier ne trouvait jamais de bons outils, je prétends que les bons outils aident à faire les bons ouvriers.

Un plâtrier ayant de bonnes truelles fera le tiers plus d'ouvrage que celui qui n'a pas cet avantage ; encore le travail du premier sera-t-il mieux fait. D'abord, pour lisser le plâtre, il faut des truelles convenables, bien amincies et adoucies suivant le besoin. Sans cela, on passe bien du temps à frotter, et l'on ne fait que de mauvais ouvrage, attendu que le plâtre n'est pas passible d'un long travail, et c'est surtout pour le polir qu'il ne faut pas tâtonner, et que les coups de truelle doivent être tirés correctement, sans y revenir plusieurs fois. Ce travail ne peut donc se faire qu'avec des truelles spécialement destinées à cet effet : aussi conseillerai-je aux plâtriers d'avoir un double assortiment de ces outils, en commençant par les grosses truelles, qui, servant ordinairement à gâcher, racler, briqueter et casser les briques, etc., doivent être les plus fortes ; si l'on veut en avoir deux, il les faut prendre de deux grandeurs. La truelle que j'ai représentée (figure 26) a huit à neuf pouces de long et quatre pouces de large à sa monture, qui est le bas du manche, et vient en diminuant jusqu'à trois pouces six lignes de large à l'extrémité opposée.

L'épaisseur de cette grosse truelle est ordinairement d'une ligne aux deux extrémités et un peu plus au milieu. Le manché de cette truelle doit être plus élevé que les autres ; le coude, à partir du dessus de la lame, peut venir à trois ou quatre pouces, suivant le goût de l'ouvrier. La poignée, qui va s'amincissant aux deux extrémités afin d'être plus à portée d'être saisie par la main, porte cinq pouces de longueur, et se trouve garnie d'une virole en cuivre qui en assure la solidité. Avec une semblable truelle, on peut gâcher et étendre le plâtre. Une autre, d'un pouce environ plus petite, serait plus commode, surtout pour briqueter.

L'on doit avoir aussi deux truelles fines, une pour enduire les plafonds, et une plus petite pour pouvoir faire toutes espèces d'enduits. Leur forme est à peu près semblable à celle des grosses truelles, si ce n'est qu'elles sont plus minces; un millimètre suffit à leur épaisseur. La monture qui supporte la poignée doit être plus basse que dans les grosses, d'un demi-pouce environ. Sur les grands côtés de ces truelles fines, on dispose, à la meule ou à la lime, un biseau ou chanfrein, pour les préparer à enduire. Il faut avoir aussi la précaution de les préserver de la rouille, en les graissant de temps à autre.

Enfin, il est nécessaire d'avoir deux autres petites truelles, pour faire les encoignures, et réparer les défauts dans les parties que les grandes ne pourraient atteindre. Ces deux petites truelles, indispensables au plâtrier, doivent être aussi de grandeur variée. Leur forme est différente de celles dont nous venons de parler, en ce qu'elles se terminent en pointe, ainsi que le représente la figure 5, planche VI. La première peut avoir de trois à quatre pouces de longueur et deux à trois pouces de large à la monture. La pointe doit en être arrondie, car si elle était tirée en ligne droite, elle serait trop aiguë et ne pourrait servir aisément; c'est à cause de la commodité, que l'on a donné une forme ronde à cette pointe. La longueur de son manche est de trois à quatre pouces au plus, et la hauteur du coude ne doit être que de deux à deux pouces et demi. Une truelle plus petite que celle-ci est indispensable pour façonner les parties que les précédentes ne pourraient atteindre. L'assortiment sera donc composé de six truelles pour chaque ouvrier.

Jusqu'à ce moment, il avait été difficile de s'en procurer de bonnes; elles avaient toujours quelque chose de défectueux, soit parce que l'on employait toutes sortes de fer pour les établir, soit par la raison que peu d'ouvriers étaient capables de les bien confectionner. Mais, depuis quelques années, on s'est mis à en fabriquer dans les manufactures d'acier. Celles qui sortent de ces fabriques ont de plus l'avantage d'être laminées. On a donc, par ce moyen, d'excellentes truelles à bon marché, car le prix de la première qualité est fixé à cinq ou six francs. Elles sont fabriquées en acier fondu non trempé, parce qu'elles se casseraient comme du verre. Une bonne truelle bien entretenue peut durer au moins dix ans, en s'en servant journellement. Si, toutefois, on a de mauvaises truelles, il ne faut pas hésiter à les changer; on a bientôt regagné cette médiocre dépense par l'amélioration qu'en éprouve le travail.

Des hachettes.

A la suite des truelles, vient se placer la hachette, qui est indispensable.

La figure 27, planche VI, représente une hachette dont le manche est supposé avoir un pied de long; la grosseur de ce manche est d'un pouce de diamètre; elle s'amincit en s'approchant du côté du fer. On doit conserver à son extrémité une force d'un pouce de long sur six lignes d'épaisseur, afin de pouvoir facilement entrer dans la douille que l'on dispose à cet effet. On doit aussi établir des clavettes, qui, traversant ladite douille et venant à cinq pouces sur le manche, où elles sont fixées par un clou transversal et que l'on rive, achèvent de donner à la hachette la solidité nécessaire. Le fer de cette hachette est ordinairement de six pouces de longueur, dont trois pour le taillant, et trois pour la douille et la tête, qui se trouve ainsi éloignée du manche d'environ deux pouces. La douille qui reçoit le manche est une ouverture d'un pouce en longueur et de six lignes sur l'épaisseur du fer. Les joues de cette partie, où se trouve placée la douille, ont environ deux lignes sur chaque côté, ce qui donnera à cet endroit une épaisseur totale de dix lignes.

Entre la douille et la tête, on échancre jusqu'à sept ou huit lignes carrées, afin d'alléger la pièce. Cette partie se grossit après, afin de former la tête qui porte un pouce carré. La face de cette tête, doit être bien droite et non en bosse. Généralement cette surface est dentée en quadrilles, d'une ligne carrée; mais à ce défaut, si la face de la tête est bien aplanie et l'emmanchure établie bien d'équerre, l'outil peut servir convenablement. Dans le taillant, on voit pratiquée une coche dont on se sert pour arracher les pointes, clous, etc.

Quoique faite en bon acier, une seule hachette ne peut suffire, ni être maintenue dans son état primitif tranchant; il serait à propos d'en avoir une deuxième, pour servir à couper et hacher les parties qui l'exigent. Cet outil, bien fait, bien conditionné, et dont le poids ordinaire est d'une livre et demie à deux, se vend communément de deux à deux francs cinquante centimes.

Des petits outils.

Le nombre des petits outils varie plus ou moins : souvent ce sont les ouvriers qui décident de leur quantité et de leur forme ; mais moi je n'en ai jamais eu plus d'une douzaine, encore un bon nombre ne me servait-il pas : car, pour mes profils, je les faisais en partie à la petite truelle, ayant vu qu'il fallait à tout moment changer d'outil ; en sorte que je m'étais habitué à faire tous ces retours et profils à l'aide de petites truelles bien aigües et bien tranchantes. Lorsque la grande avait dégrossi, une plus petite achevait, et à l'aide de quelques petits outils, je parais les retours. Mais, ainsi que je l'ai dit, une douzaine de petits outils, y compris les petites truelles, est bien utile.

Ordinairement, les petits outils se composent de deux spatules, dont l'une ployante et l'autre pas ; de gouges, de différentes grosseurs ; des ciseaux pour unir et couper selon le besoin ; un gros fermoir pour couper et racler les massifs ; le guillaume est aussi en usage :

cet instrument, qui ressemble, à peu de chose près, à celui dont se servent les menuisiers, à l'exception qu'il porte son fer à l'extrémité, comme le représente la figure 34, planche VI, porte ordinairement huit à neuf pouces de longueur et deux à trois pouces de large sur six à huit lignes d'épaisseur, et son fer se place à coulisse et se fixe avec soin par une clavette ou coin en bois : un grand nombre d'ouvriers s'en servent. A ce défaut, une règle disposée de même en bec de flûte peut remplacer cet outil, lorsque les retours sont remplis de plâtre un peu tendre et fin.

Les petits outils nécessaires à la sculpture du plâtre sont les grattoirs, les volutes, les spatules de plusieurs façons, les gouges courbes ; mais avec un grattoir bien fait, on fait une grande partie de la sculpture sur plâtre. Celui que j'ai représenté se trouve avec plusieurs autres outils que l'on peut voir figure 30, planche VI.

Le grattoir (figure 28, planche VI) peut avoir six à sept pouces de longueur sur deux lignes de grosseur que peut avoir le manche qui se trouve entre les deux taillans. Un de ces taillans (n° 1) est recourbé et forme un bec de perroquet ; il est tranchant des deux côtés ; son extrémité est pointue, afin de pouvoir entrer facilement dans le plâtre, et le tranchant des côtés sert à racler ou entailler les feuilles. Enfin, pour faire les fouilles et les bosses nécessaires, ce bec doit dépasser de six lignes l'aplomb du manche ; il e recourbé de l'autre côté et forme une partie tranchante, ainsi que la partie tournante qui lui sert de dos, que l'on emploie à couper ou racler le plâtre. Cet outil, bien fait et bien proportionné aux travaux qui le nécessitent, est d'une grande commodité.

Tous ces outils doivent être fabriqués en bon acier ; mais il n'est pas nécessaire qu'il soit trempé, attendu que l'acier possède naturellement assez de dureté pour pouvoir couper le plâtre : en outre, l'acier trempé se casse trop facilement. Dans l'assortiment des petits outils nécessaires, on ne doit pas oublier le compas, l'équerre, l'aplomb, les vrilles et une paire de tenailles. Toutes ces pièces sont d'une grande commodité ; mais une des plus utiles est une petite lancette de six pouces de long, se terminant en pointe à une de ses extrémités, et qui sert à faire les regréages. A ces outils, il faut ajouter un ciseau d'angle aigu.

Quelques pinceaux de différente grosseur sont indispensables dans diverses opérations, les petits pour lisser les moulures, et les gros pour humecter et lisser les plafonds. Ceux à queue de morue sont les préférables.

Des vêtemens convenables au travail.

Le vêtement le plus convenable au travail est premièrement une demi-blouse descendant jusqu'à la ceinture et maintenue par des cordons qui l'attachent ; cette demi-blouse enveloppe les bras, pour garantir la chemise et préserver du froid ; elle garantit aussi le gilet, de manière que l'on n'est pas sali quand on quitte le travail. Il y a des ouvriers qui se servent d'un pantalon de toile qu'ils passent par-dessus le leur, qui se conserve toujours propre, étant garanti du plâtre. Mais je crois que ces doubles pantalons doivent gêner l'ouvrier, et je trouve le tablier préférable, d'abord, parce qu'il peut servir à transporter les outils nécessaires, ou tous autres objets que les mains ne pourraient contenir.

J'ai représenté (figure 32, planche VI) un de ces tabliers, d'après le modèle de celui dont je me servais. Il est composé d'un morceau de toile de trois pieds deux pouces de hauteur, de deux pieds six pouces de largeur. Dans le haut de ce tablier, on fait une échancrure d'un même coup de ciseau, en doublant la toile par le milieu. Cette échancrure sert à procurer de l'aisance aux bras : alors, un cordon de dix-huit pouces de long, faisant le tour du cou, la maintient et aide à supporter le tablier. Un peu en dessous de cette échancrure, se trouvent deux liens qui font le tour du corps et viennent s'attacher sur le devant. Un de ces rubans, dont la longueur est de vingt-un pouces, porte une boucle; l'autre, de même longueur, a deux nœuds : en sorte qu'il n'y a qu'à passer les nœuds dans la boucle, pour que le tablier soit attaché.

Au-dessous de l'attache, on pratique une poche qui doit avoir dix pouces de long sur cinq de large; le fond de cette poche est taillé en cintre, afin que les pointes ou clous soient toujours sous la main, ainsi que les petits outils, truelles, etc.

Des chariots.

Un chariot à bras est d'une grande utilité pour le service de la plâtrerie et sert à transporter tout ce qui est sans cesse nécessaire aux travaux. Dans un chariot bien établi, un homme peut mener, en chemin ordinaire, cinq cents pesant, sans se fatiguer. On peut en construire de grandeur convenable à l'emplacement que l'on a. Ceux qui sont à deux brancards sont plus commodes que ceux qui n'en ont qu'un. Les roues doivent être aussi tenues, autant que possible, à une bonne hauteur : les plus petites doivent avoir quatre pieds de diamètre ; la longueur de la voiture doit au moins être de six pieds. Quant à la longueur de l'essieu, elle doit être proportionnée aux localités que le chariot est destiné à parcourir ; cependant elle ne doit pas être au-dessous de trois pieds.

Cette petite voiture, dont je crois avoir donné la dimension, ne coûte, neuve, garnie de tous ses accessoires, que quarante francs. C'est peu en raison de sa grande utilité.

Des ouvriers plâtriers.

Les plâtriers se distinguent des autres ouvriers qui emploient cette matière par les connaissances et la pratique qu'ils ont de leur état. Ces deux qualités, réunies en plus ou moins grande quantité, établissent la différence que l'on peut faire du bon au mauvais ouvrier. Celui qui connaît la qualité du plâtre, qui sait l'appliquer dans les proportions demandées par l'ouvrage qu'il exécute et qui sait rendre son travail recevable, celui-là, dis-je, est un bon ouvrier. Les apprentis eux-mêmes, s'ils parviennent, quoiqu'en apprentissage, à atteindre cette perfection, peuvent prendre rang parmi les ouvriers.

Dans le travail du plâtre, il y a au moins un tiers de besogne qui est tout entier du ressort des manœuvres : tels sont l'approche des matériaux, les échafaudages, l'apport du plâtre, des briques, lattes, etc. C'est ce qui est cause que, dans plusieurs endroits, on emploie comme aides des gens qui ne connaissent rien à la partie ; et, lorsque l'on peut en avoir pour la moitié du prix de la journée d'un plâtrier, il y a avantage pour le maître et bien plus pour l'ouvrier, en ce que les manœuvres font la partie la plus pénible et la plus désagréable. Le secours de ces aides ou manœuvres évite au plâtrier de se déranger et lui fait au moins faire un tiers plus d'ouvrage par jour, sans avoir ni peine, ni fatigue. Pour ma part, j'avais toujours à mon service un aide de ce genre, que je choisissais jeune et intelligent, et que, dès le commencement, j'habituais à gâcher le plâtre et même à l'étendre à la taloche, à me tendre des briques et à me rendre quelques autres petits services dont on peut tirer un avantage réel. En employant ce procédé, on pourra trouver souvent un second dans une personne qui n'aurait aucune teinte de cet art.

Observation sur l'emploi du plâtre.

Tout le monde peut employer le plâtre, parce qu'une fois qu'il est cuit et pulvérisé comme il faut, il ne s'agit que de le semer dans l'eau en plus ou moins grande quantité, et alors il fait son effet de lui-même, suivant sa disposition naturelle ou suivant celle qu'on lui a donnée. En en faisant quelques expériences, on verra que plus il est gâché épais, plus il deviendra dur : lorsqu'il épaissit, c'est le moment de l'employer. On le jette, on le coule, on l'applique ; et ces différentes manières de le mettre en usage ne l'empêchent pas de se durcir, s'il a été bien gâché et s'il est bon ; l'on voit clairement qu'il ne faut pas grande science pour l'employer.

Mais lorsqu'il s'agit de confectionner des ouvrages distingués ou même très-simples, d'arriver à une ressemblance fixe, alors l'emploi du plâtre devient un art tellement difficile qu'il est rare de trouver un ouvrier qui connaisse parfaitement sa partie. Il se trouvera des ouvriers qui excelleront en talent et en habileté dans le genre uni. Un autre sera expérimenté sur la quadrature, parce que son goût l'aura porté à embrasser cette partie ; enfin un autre aura plus de talent dans la peinture, la sculpture et la fumisterie.

La réunion de toutes ces connaissances exige beaucoup d'étude et de pratique ; mais, à l'aide d'un Manuel tel que celui-ci, qui indique les principes à suivre et donne les moyens d'exécution, il suffira de lire avec attention les articles qui traitent de l'ouvrage que l'on se propose d'entreprendre, ce qui peut arriver fréquemment.

Cherchez dans ce livre l'explication appropriée à la nature du travail que vous devrez entreprendre. Lisez, relisez souvent, et vous en retirerez du profit ; ce guide vous mettra sur la voie ; et vos connaissances, qui peuvent être plus grandes que les miennes, vous indiqueront ce qu'il convient de faire pour mener votre travail à bien. Car toutes les fois que l'on entreprend un ouvrage, si l'on n'en connaît parfaitement toutes les parties, on court le risque d'en faire mal quelques-unes ; car un ouvrage quelconque du ressort de notre art demande de la réflexion, le plâtre devant être employé aussitôt après avoir été gâché. Nous ressemblons en cela aux bons forgerons, qui ont dressé à l'avance, dans leur imagination, le plan de ce qu'ils veulent exécuter ; ils ont combiné, pendant que leur fer chauffait, la place où doivent frapper les marteaux, afin de donner à la pièce qu'ils forgent la forme qu'ils désirent. Ainsi doit faire le plâtrier : pendant que le plâtre prend dans la gâche, il examine l'emplacement sur lequel il va l'étendre ; il cherche si tout est prêt pour le recevoir, s'il n'existe pas des bosses à abattre ou à racler, s'il n'y a pas de charges à faire ; enfin, il porte son attention sur tous les points qui pourraient nuire à la réussite de son ouvrage.

Quoiqu'il soit difficile de rendre le plâtre bien uni et bien correct, autant que l'exigent la nature de l'ouvrage et le jugement des connaisseurs, ce n'est pas encore tout : le plâtre est fragile et susceptible de défauts, et ce n'est pas un des moindres inconvéniens. Combien ne voit-on pas d'ouvrages bien faits, bien finis, et qui sont méconnaissables huit jours après ! Que d'ouvriers ont recommencé leur ouvrage faute d'expérience !

Non, ce n'est pas tout de dire : *je sais faire*, l'on doit encore connaître l'effet du plâtre, alors qu'il passe à l'état de sécheresse ; il faut apprécier la température des saisons, et être sûr des quantités à employer, de l'épaisseur dont l'objet travaillé peut être susceptible. Enfin, il est de première nécessité de connaître les qualités du plâtre et son plus ou moins

grand degré de cuisson : toutes ces connaissances sont indispensables à qui veut devenir
bon plâtrier. De ce que le plâtre se détériore
de lui-même, ne s'ensuit-il pas que l'on doive
en connaître les causes, afin d'y apporter le remède nécessaire; et comment faire si l'on ne
peut juger de sa qualité ?

On nomme généralement le plâtre *sulfate de
chaux*, ce qui voudrait dire que la chaux lui
est bien supérieure en solidité. Après que la
chaux est cuite, c'est l'eau qui la prépare à
la manutention; c'est dans cet élément qu'elle
puise toute sa force : mélangée avec du sable,
elle forme un mortier qui, par la suite des temps,
devient aussi dur que le meilleur plâtre, et résiste à l'eau comme à l'air pendant des milliers
d'années.

Le plâtre est bien différent. Lorsqu'il est cuit,
il faut le pulvériser, afin de le disposer à être
mêlé à l'eau, et c'est cet élément seul qui le fait
enfler et épaissir. Mais cette action de l'eau n'a
qu'un moment, car une fois finie, si l'on y mêle
de l'eau, il se décompose, ou il se forme en
bouillie sans avoir aucune consistance. Le
plâtre demande donc à être employé de suite et
dans les lieux exempts de toute humidité.

Plus on met de chaux dans le mélange du
plâtre, plus il devient inaccessible à l'humidité,

de façon que toutefois que l'on devra établir des épaisseurs de plâtre qui pourraient excéder un pouce, et que l'on pourrait faire promptement sécher, il faudra ajouter de la chaux ou du mortier de chaux, ce qui aidera à former l'épaisseur et garantira des mauvais effets du plâtre : car ce dernier a bien de la peine à se maintenir dans son état primitif, s'il est seulement huit jours exposé à l'humidité, à moins qu'il ne contienne intrinsèquement des parties de chaux ; il s'en trouve qui en possèdent, et les travaux que l'on exécute avec cette matière résistent davantage, surtout si le plâtre a été mis en conséquence.

En général, tous les ouvrages qui sont du ressort de l'état de plâtrier, et qui exigent une épaisseur un peu volumineuse, doivent être exécutés avec du plâtre mélangé de chaux ; c'est un moyen assuré de réussir. En hiver, et dans les saisons humides, il ne faut pas négliger de prendre cette précaution ; on évitera par là bien des désagrémens. Combien de fois n'ai-je pas vu d'ouvriers, qui, pour ne pas avoir assez pris garde, se voyaient forcés de recommencer leur ouvrage, après avoir subi les sarcasmes et la critique des connaisseurs et des gens d'art, qui induisaient de ce manque de réussite que l'ouvrier ne connaissait pas son état, ou que le plâtre ne valait rien. Chaque fois que l'on se servira du plâtre par un temps humide, ou que l'on emploiera du plâtre pas assez cuit, ou sortant des fours de boulanger, il faudra y mêler de la chaux, surtout pour les travaux de bâtiment. On peut se convaincre de la différence de ces natures de plâtre (je veux dire le plâtre pur et celui auquel on a ajouté de la chaux), en faisant un essai, et en les laissant durcir à leur gré : le plâtre pur sera le plus long à sécher ; en outre, il y aura une différence de poli de l'un à l'autre genre de matière. Le seul inconvénient qui puisse résulter de ce mélange de chaux, c'est d'altérer la blancheur du plâtre, et c'est ce qui est cause que l'on ne l'emploie pas dans la confection des plafonds, qui demandent à être très-blancs. Si l'on veut éviter l'effet de l'humidité, je conseillerai, sans avoir recours à la chaux, d'attendre que les massifs soient bien secs, afin d'y fixer une dernière couche épaisse d'une ligne environ, et qui séchera promptement. C'est le seul moyen de faire de beaux ouvrages par un temps humide.

Précautions à prendre dans les ouvrages qui exigent de fortes épaisseurs.

Je viens de démontrer que l'humidité est contraire au plâtre, attendu qu'il doit être dégagé de son eau le plus tôt possible. J'ai indiqué le mélange de chaux éteinte, en gâchant, comme un moyen de parer à cet inconvénient. Il arrive souvent que l'on a des massifs à établir, soit pour de fortes corniches, soit pour redresser des ouvrages incorrects, ou pour toute autre cause. Quelle que soit la raison qui puisse nécessiter la formation de ces massifs, je conseillerai de ne pas oublier, surtout dans les premières gâchées, le mélange indiqué ci-dessus que l'on nomme *plâtre bâtard*, qui présente une grande solidité et une grande économie, excepté à Paris où le mortier est beaucoup plus cher que le plâtre.

Si quelque circonstance empêche de mélanger, il faut avoir le soin de gâcher le plâtre fort ou à demi-fort à un bon degré de consistance, et préférer le gros plâtre au fin pour la première couche, parce que le premier est moins délébile que le dernier, qui, en raison de sa finesse, maintient plus long-temps l'humidité et a plus de propension à se crevasser. En employant tous ces moyens et en usant de ces précautions, on s'évitera de nombreux désagrémens.

Ce que l'on entend par le mot *gâcher*.

On appelle ordinairement *gâcher*, l'action de mélanger l'eau et le plâtre dans des proportions différentes, selon le plus ou moins de consistance que l'on désire obtenir ou que nécessite l'ouvrage; car il n'y a pas de règle fixe, et c'est à l'ouvrier, qui doit employer ce plâtre, à lui donner la force plus ou moins grande que commande son ouvrage. Les mesures des deux parties à mélanger ne sauraient être fixées; je sais cependant que l'on entend ordinairement par *plâtre dans toute sa force* celui dont l'épaisseur est celle du mortier et que l'on emploie à briqueter, sceller des règles, etc. L'on appelle *plâtre demi-fort*, celui qui est gâché par portions inégales, autrement dit une mesure d'eau et une mesure et demie de plâtre, ou, pour être plus clair, deux livres d'eau pour trois livres de plâtre. On emploie le plâtre ainsi gâché à faire des épaisseurs, à recouvrir des parties de bois hachées, à faire des arêtes ou à étendre sur des lieux humides.

Le plâtre, gâché à proportion égale, c'est-à-dire autant d'eau que de plâtre, sert à faire de bons enduits sur des murs ou sur des briques sur champ; on peut encore l'employer pour des plafonds qui auraient besoin d'être terminés de suite, en observant, toutefois, de placer avant une première couche pour couvrir les lattes. Cette couche aura dû être gâchée dans la proportion d'un tiers d'eau pour deux tiers de plâtre. Les parties qui boivent l'eau, ce qui s'appelle *tirer*, doivent être recouvertes par du plâtre gâché comme le précédent, à l'exception que l'on ne mettra pas tout-à-fait autant de plâtre.

Lorsqu'on est pour enduire des vieux murs en plâtre, ou des plafonds dégrossis et qui ont pu sécher depuis leur fabrication, on gâche clair, c'est-à-dire que l'on met deux parties d'eau pour une partie de plâtre. Tous ces détails, bien que rapprochés de ce que l'on est en usage de faire, ne sauraient constituer une règle fixe et générale, toujours à cause de la différence de qualité que peut comporter le plâtre que l'on est susceptible d'employer ; et, dans cette hypothèse, meilleur il sera, moins il en faudra mettre dans l'eau pour lui faire acquérir une dureté convenable. C'est donc à l'ouvrier seul que sont dévolus tous les soins et toutes les connaissances nécessaires pour bien gâcher.

Ordinairement, on est dans l'usage d'examiner d'avance quelle peut être la quantité qui est nécessaire avant de gâcher, et avant que le plâtre n'ait opéré son effet. Car une fois arrivé à sa force ; je veux dire totalement pris, s'il n'est employé sur-le-champ, c'est, pour ainsi dire, du plâtre perdu ; il est vrai qu'on l'applique, mais il ne tient que par l'humidité qu'il renferme : arrivé à l'état de sécheresse, il sé détache. C'est un mauvais ouvrier que celui qui ne sait pas régler sa manière de gâcher.

On doit donc examiner quelle peut être la quantité nécessaire, puis on verse de l'eau en raison de cette quantité, et l'on répand le plâtre par poignée sur la surface de l'eau, afin de le gâcher plus tôt ; c'est encore un grand défaut de mettre du plâtre plus qu'il ne convient, parce qu'étant trop fort, il faut remettre de l'eau, afin de l'éclaircir, ce qui dérange tout-à-fait les combinaisons.

Le plâtre semé sur l'eau, on prend la grosse truelle pour agiter et mêler les deux corps ensemble le plus promptement, parce qu'il y a des plâtres qui prennent très-vite et qui perdent de leur force s'ils sont gâchés ou tourmentés dans ce moment-là : on le laisse donc en repos s'épaissir, en ayant toutefois le soin de remuer de temps en temps le fond, où se trouve le gros plâtre, afin de bien mélanger.

Ainsi, l'ouvrier doit régler ses gâchées de manière à finir une partie, et l'on pense bien qu'il est beaucoup plus avantageux de suivre l'ouvrage que d'éparpiller le plâtre de côté et d'autre, en ce que l'on s'évite de faire des raccords, et que la même partie ne vous passe pas deux fois sous la main. Enfin, un ouvrier qui saura régler sa manière de gâcher sur son ouvrage, et qui pourra adroitement prendre ses dimensions, fera un tiers plus d'ouvrage que tout autre qui n'aurait pas cette attention : on y trouvera une grande différence.

Du volume produit par le plâtre dans l'eau.

Une mesure d'eau, une mesure de plâtre, ne forment pas un volume double, comme on pourrait le croire. J'en ai fait des expériences qui m'ont appris qu'il n'augmentait que d'un tiers, de façon qu'un seau d'eau et un seau de plâtre en poudre ne rendaient qu'un seau et demi de matière. Ce n'est qu'après avoir absorbé toute l'eau qu'il prend un volume plus fort que dans son état primitif. On doit encore se régler d'après les différentes qualités, et l'on remarquera que plus il est supérieur, plus il boit l'eau.

Il faut aussi remuer de temps en temps le fond, qui durcirait sans boire l'eau qui le recouvre, afin de l'humecter également et de le faire prendre partout. Moins il y a d'eau, plus il devient dur, en ce que les parties, plus rapprochées l'une de l'autre, le disposent à prendre plus de consistance.

Le plâtre bien gâché ne diminue pas de volume, comme le mortier; il continue à gonfler jusqu'à ce qu'il ait absorbé toute son eau; et, si on le pousse au vif, il faut avoir le soin, quand la partie que l'on exécute se trouve près d'une porte ou d'une croisée qui pourrait toucher en faisant leur mouvement, de laisser quelques lignes, afin d'éviter le frottement qui aurait lieu si l'on ne ménageait cet intervalle, à moins qu'il n'y ait un mélange de chaux, ce qui empêche le plâtre de se gonfler.

Des eaux convenables pour gâcher le plâtre.

De tous les liquides, il n'y a que l'eau qui puisse convenir pour gâcher le plâtre; encore faut-il la choisir, les saisons faisant éprouver à cet élément des effets de condensation et de dilatation. L'eau de puits est plus froide en été que l'eau de rivière, et celle-ci est plus froide l'hiver que l'eau de puits. Si, par les grandes chaleurs, on se sert d'eau de rivière, le plâtre prendra subitement et ne fera que de mauvais ouvrage. Pour éviter cet inconvénient, on préfère l'eau de puits ou de fontaine, en ce que leur fraîcheur naturelle retarde la prise du plâtre et donne à l'ouvrier la facilité de l'employer.

En hiver, on adopte un moyen inverse : ce sont les eaux chaudes que l'on recherche, en ce qu'elles aident le plâtre à prendre et qu'elles le rendent plus maniable. Les eaux de rivière ou de fontaine conviennent mieux pour faire les enduits, en ce que les eaux douces sont préférables aux dures pour ce genre de travail.

Quant aux autres liquides, je n'en connais pas qui puisse faire prendre le plâtre ; tous ceux dont j'ai essayé lui étaient nuisibles. Chaque fois que l'on voudra empêcher le plâtre de prendre, on n'aura qu'à employer du lait, de l'eau de colle forte ; mais le lait le fait mourir tout-à-fait, l'eau de colle le retarde seulement. Le vin, le vinaigre, et généralement tout liquide qui n'est pas eau, ne peuvent qu'empêcher le plâtre de prendre. Ainsi donc, si l'on veut retarder le plâtre, on pourra y introduire une légère décoction de vin, de vinaigre ou de lait. On trouvera d'ailleurs toujours assez de ressources pour cela.

On est dans l'usage de porter l'eau, dans les chantiers, avec des seaux légers. Le zinc et le fer-blanc sont les métaux préférés pour la construction de ces vases, en ce qu'ils sont plus légers. On leur donne la forme de brocs, at-

tendu que celle d'entonnoir n'est commode,
ni pour porter, ni pour verser dans la gâche;
il faut aussi tâcher que l'ouverture ne soit pas
trop grande.

Comment se fait le mortier de chaux, dit *plâtre bâtard*.

Je suis convaincu que tous les ouvriers qui
exercent la partie du bâtiment savent comment se fait le mortier à bâtir ou à maçonner.
On le trouvera cependant ici à sa place, afin de
servir au besoin.

Le mortier se fait avec de la chaux éteinte;
on éteint cette chaux avec une quantité d'eau
plus forte qu'elle ne peut en absorber. C'est ce
liquide qui la dissout et la réduit en bouillie.
L'on doit avoir le soin de la remuer, et d'y mettre
de l'eau à mesure qu'elle la boit. Cette chaux,
ainsi éteinte, se mêle avec du sable de rivière,
de chemin ou de carrière ; mais le meilleur est
celui qui est le plus lavé : la chaux en acquiert
une bien plus grande solidité.

Le sable étant prêt, on en met une couche
sur la place à ce destinée, puis on met une
couche de chaux ; on remue le tout pour bien
mêler : on recommence ainsi plusieurs fois,
car ordinairement, lorsque la chaux est bonne,
on met trois quarts de sable pour un quart de

chaux ; quelquefois l'on n'en met qu'un tiers pour deux tiers de sable. Mais cela est toujours subordonné à la qualité de la chaux ou à l'ouvrage qui nécessite de bon mortier. Pour aider à mélanger les deux matières, on se sert d'un instrument fait exprès que l'on nomme bouloir ou rabot ; mais une pioche peut en remplir les fonctions. On connaît que ce mortier est assez fait, quand les matières sont bien mélangées ; on l'emploie alors à la construction, et c'est un des mortiers qui résistent le plus long-temps.

C'est avec ce mortier que l'on forme le plâtre bâtard, auquel on a recours en raison de la différence de prix qui existe entre ces deux marchandises. Il y a donc économie à l'employer, soit aux massifs, soit aux redressemens, la solidité étant aussi grande. Il est des cas qui nécessitent une prompte sécheresse ; alors il faut se servir de plâtre que l'on mélange à ce mortier : c'est ce qui lui a fait donner le nom de *plâtre bâtard*. Ces deux espèces se bonifient réciproquement, lorsque l'une et l'autre sont bien faites. On ne doit en faire qu'au fur et à mesure que l'on en emploie, ainsi que cela se pratique pour le plâtre.

Chaque fois que l'on voudra donc faire ce mélange, on commencera par verser dans l'auge la quantité d'eau nécessaire à la gâche, en y comprenant le volume que doit former le mortier, on sème le plâtre comme à l'ordinaire et on le gâche, mais toujours un peu fort. Lorsque le plâtre est bien gâché, on met le mortier, et l'on mêle bien les deux parties, qui font un mortier un peu mou; puis on l'emploie aussitôt, à moins cependant que, pour lui laisser le temps de prendre, on ne le fasse un peu clair. Ce plâtre bâtard, qui se fait bien simplement, présente une grande économie, surtout dans les pays où le plâtre est cher; il fait des ouvrages très-solides, surtout pour les parties extérieures où dans les endroits humides : cette composition convient aussi pour faire les pierres factices et autres ouvrages de même nature.

On peut aussi faire des enduits avec cette composition, en employant du sable bien fin, tel que le sablon; plus il sera fin, plus il sera beau et facile à lisser. Ce mélange étant opéré avec du sable d'Étampes, qui est d'un beau blanc, on obtiendra des enduits aussi lisses que ceux faits en plâtre et qui résisteront très-bien à l'air et à l'humidité. Si l'on veut lui donner le brillant du stuc, on se reportera à ce que j'en ai écrit et qui se trouve ci-après au chapitre des *stucs ou enduits hydrauliques*. En général, pour faire le plâtre bâtard solidement, on met autant de plâtre que de mortier, et l'on doit gâcher à demi fort, ce qui veut dire moitié plus mou que le mortier franc. Cette espèce de plâtre ne souffre ni sur les pierres dures, ni sur les pierres tendres ; et, lorsque l'on voudra enduire avec réussite des pierres que l'on doit recouvrir de plâtre, on n'aura qu'à mettre une première couche de ce mortier : on en verra le bon effet.

Des autres mélanges que le plâtre peut supporter.

Le plâtre peut être mêlé à beaucoup d'autres corps, surtout au moment où on le gâche. Mais pour le mélanger lorsqu'il est en poudre, il y a bien des précautions à prendre, et bien souvent on se dupe, en croyant faire des économies. Il est plus sage de le laisser dans son état naturel, attendu que les corps que l'on peut y ajouter contiennent en général des matières oxigènes, qui tendent à imprégner le plâtre d'humidité et qui le font fermenter au point de ne pouvoir l'employer, parce qu'il ne peut durcir. Si l'on a des motifs pour mélanger, on devra s'assurer que les matières soient bien sèches ; autrement le plâtre perdrait de sa force. Il n'y a pas de difficultés quand on mêle en gâchant ; mais, pour plus de sûreté, il faut faire sécher les matières, et même les passer au four.

Du travail en briques sur champ.

En donnant les détails concernant l'ouvrage du plâtrier, je crois bien faire de commencer par le travail dès briques sur champ, attendu que je le crois une des parties les plus faciles, et qu'ordinairement on le laisse aux apprentis, pour leur donner une idée de l'emploi du plâtre et leur apprendre à plomber et à se servir des outils. Mais, pour procéder par ordre, nous devons commencer par parler des poteaux ou husseries nécessaires à ce genre de construction.

Des poteaux.

Les poteaux sont des pièces de bois d'une certaine longueur, destinées à recevoir les briques sur champ. Ils ont ordinairement six pouces de large et deux pouces d'épaisseur ; les planchers décident de la hauteur que l'on doit leur donner, et les briques, qui n'ont pas une épaisseur uniforme, fixent en partie l'épaisseur que doivent avoir ces poteaux. On prendra pour base cinq à six lignes de plus que l'épaisseur des briques, afin de pouvoir y pratiquer des joints ou rainures qui doivent les recevoir. Ils sont ordinairement fabriqués par les menuisiers, qui les dressent des deux côtés et qui pratiquent dans leur épaisseur des rainures de cinq à six lignes de profondeur, et qui ont une ou deux lignes de plus que l'épaisseur des briques ; afin d'en faciliter l'entrée ; car toutes, n'étant pas positivement droites, ne pourraient pas entrer, si la feuillure était juste à la largeur de ces briques.

Ces poteaux doivent avoir autant de rainures qu'il peut exister de cloisons en briques qui viennent y aboutir ; mais, comme un grand nombre de ces feuillures pourraient diminuer la force du bois, on y adapte de petits liteaux qui forment les rainures, sans qu'il soit besoin d'incruster les poteaux, qui, ainsi confectionnés, sont tout prêts à placer.

Pose des poteaux.

Avant de poser les poteaux, on en fait la distribution en tirant des lignes sur le plancher ou carrelage ; après, on élève ces lignes d'aplomb sur les murs jusqu'au haut du plafond, sur lequel on trace une ligne parallèle à celle du plancher et qui doit se trouver immédiatement vis-à-vis. Ce tracé est d'autant plus nécessaire, qu'il devra diriger le plâtrier pour établir le premier rang de briques et pour pratiquer les rainures dans le mur et lui servir de guide pour placer les cordeaux nécessaires au briquetage.

Ces lignes établies, on place les poteaux aux endroits désignés, en entaillant dans le carrelage
ou dans le plancher, et on les fixe à l'aide de
clous ou de pattes. Toutes ces préparations étant
faites et les pièces posées d'aplomb, le plâtrier
peut se mettre à l'ouvrage. Ainsi les briques,
de quelque épaisseur qu'elles soient, peuvent
trouver leur place du moment que les poteaux
sont fixés.

Des briques.

L'on fabrique généralement les briques avec
de l'argile propre à cet ouvrage, et que l'on fait
cuire, quoiqu'il en existe en plâtre et même en
pierre. On en fait de plusieurs épaisseurs et de
plusieurs grandeurs; mais les plus commodes
et les plus usitées sont celles qui ont neuf pouces
de long sur cinq de large et un pouce d'épaisseur. Cette mesure est la plus convenable à la
fabrication et à l'emploi de ces sortes de matériaux; elle est très-utile à la construction, en
ce qu'elle présente deux hauteurs différentes
qui peuvent servir souvent pour finir ou par
toute autre raison. En outre, elle simplifie le
calcul, en ce que vingt-cinq briques font un
mètre carré, et qu'un cent forme une toise.
Comme, dans la vérification de l'ouvrage, on
compte toujours par toise, le calcul en sera

d'autant moins difficultueux. Ceux qui sont dans la position d'en employer beaucoup feraient bien d'en faire fabriquer à leur goût et de différentes longueurs, sans toutefois changer rien à leur largeur : avec cette précaution, les ouvriers ne seraient pas forcés de casser les briques pour ajuster; il y aurait économie de temps et de matériel.

Cette marchandise acquiert de la vogue chaque jour et devient aussi moins coûteuse; on ne cessera jamais d'en employer, en raison de la solidité qu'offre ce genre de travail, qui est en outre très-propre et qui, ne formant qu'un seul bloc, ne présente aucune concavité. Je suis étonné moi-même de ne pas le voir généralement en usage; mais je crois que ce sera l'affaire de quelques années encore, car l'on vient d'entreprendre d'en fabriquer à la mécanique, ce qui réduira de moitié le prix d'achat de celles faites à la main, et facilitera leur emploi plus généralement.

Des briques sur champ.

Avant d'entrer en matière sur ce chapitre, je crois devoir rappeler qu'un maître plâtrier doit être pourvu du plâtre qui lui est nécessaire et dans toutes les qualités que l'on peut désirer. Ce plâtre doit être prêt à employer pour ne pas causer de gêne dans les autres parties du bâtiment.

Pour faire les cloisons en briques sur champ, une fois que les poteaux et husseries sont établis, l'on pose des cordeaux pour se guider dans toute la grandeur de la pièce. Ainsi, on met un cordeau sur la joue ou sur l'épaisseur du poteau. Ce cordeau s'étend dans toute la hauteur, tel que le représente le n° 1 de la figure 63 ; on en met de même au mur qui se trouve vis-à-vis desdits poteaux, et que l'on a le soin d'entailler préalablement, afin de recevoir les briques : ces deux cordeaux placés, on en met un troisième pour faire la traverse (n° 3) ; on l'attache aux deux autres en faisant une boucle, afin qu'il puisse être à coulisse et monter jusqu'en haut, sans qu'il soit besoin d'en ajouter un nouveau ou de le détacher.

Les cordeaux bien établis, on se met en devoir de poser les briques ; et, pour cela faire, il faut avoir tous les matériaux nécessaires, c'est-à-dire les briques, le plâtre, l'eau, la gâche, etc. Si c'est une gâche dite *à l'italienne*, la pente se trouve naturellement établie ; mais si l'on se sert d'une autre gâche, il faut qu'on l'élève, afin que l'eau se tienne d'un seul côté pour ne pas garnir tout le fond. La gâche se place vis-à-vis de l'ouvrage (n° 5), à deux pieds environ de distance ; la brique se met d'un bout, et le plâtre de l'autre, en observant que la brique soit à portée de la main gauche, qui doit la prendre, et le plâtre à droite, ainsi que l'indiquent les n° 4, 5 et 6. Après s'être ainsi établi, on verse de l'eau dans la gâche, environ un litre ; cette eau, qui ne remplit que le bas de la gâche, laisse un grand espace pour mettre le plâtre et pour le gâcher : deux poignées peuvent suffire à graisser six à huit briques ; on en fait rarement davantage, à moins que le plâtre ne soit long à prendre.

Ces deux poignées de plâtre placées sur le bord de l'eau, on prend la grosse truelle pour retirer de l'eau et la mêler avec le plâtre le plus promptement possible, comme une bouillie, en ayant soin que l'eau qui reste n'achève pas de l'entraîner ; après quoi, on saisit la brique de la main gauche, en présentant le côté de longueur ; on applique le plâtre, en faisant couler la truelle sur toute la longueur et sur l'autre côté. On la couche, afin de pouvoir ramasser un tiers du plâtre qui est inutile, et que l'on étend de même sur le plus petit côté ; aussitôt la brique enduite de cette manière, on doit la placer, en se guidant au cordeau et en conservant une distance d'une ou deux lignes

du cordeau à la brique ; on fera une cloison
très-droite. Un bon ouvrier ne doit jamais reprendre du plâtre à deux fois pour graisser sa
brique ; c'est du même coup que l'on doit
étendre le plâtre sur le grand côté, et ce que
l'on retire des bavures sert à enduire le petit ;
en sorte que, partie courante, une brique
ne se graisse que par deux côtés ; mais, à la fin
de chaque rang, il en est une qui doit être
garnie de trois côtés, et à l'extrémité, en finis-
sant les cloisons, on graisse aussi de trois côtés.

Il est bien entendu que les joints des briques
doivent être coupés, ce qui s'obtient par une
moitié de brique qui se place tous les deux
rangs, ainsi que l'on peut le voir, figure 63,
planche IX.

Il y a des ouvriers qui négligent d'éviter les
bavures, ou qui les font du côté opposé, en
sorte que l'on voit des bourrelets de plâtre ;
ce qui est très-laid ; en outre, cette matière se
trouve perdue. Il est facile de se corriger de ce
défaut, en ne mettant que tout juste le plâtre
nécessaire ; et en plaçant les briques l'une sur
l'autre, on s'habitue à les pencher un peu en dedans, comme si l'on voulait que celle du dessus
frottât légèrement sur celle qui la supporte. Par
ce moyen, les bavures se tournent du côté de
l'ouvrier, et lui donnent le moyen de remplir les

joints avec la truelle ; autrement on passe la main derrière, afin d'abattre ces bourrelets qui choquent l'œil, et qui font perdre inutilement du temps à l'ouvrier pour les abattre. Il peut arriver que le plâtre, trop prompt à prendre, ne permette pas de poser sans regâcher huit à dix briques au moins ; il faut alors mélanger dans l'eau soit un peu de lait ou d'eau de colle, soit du vin ou du vinaigre.

C'est ordinairement par les cloisons que commence le travail des plâtriers dans les bâtimens, excepté lorque l'on fait les plafonds. Car alors il faut latter auparavant, et de dégrossissage forme, à droite ou à gauche, une feuillure qui consolide les briques sur champ, pour arriver à les enduire. Cet enduit se pratique comme tous les autres de même nature ; mais il faut éviter de le faire des deux côtés à la fois, surtout par un temps humide, car la fraîcheur, se trouvant ainsi concentrée, fait galer ou fendre le plâtre, à moins cependant que l'on ne mêle un peu de chaux. De semblables distributions peuvent s'établir depuis le bas jusques en haut du bâtiment, et sont même préférées à toute autre construction. Si ces cloisons doivent supporter quelque charge, on doit employer des briques plus épaisses ; j'en ai vu qui avaient jusqu'à trois pouces d'épaisseur.

Si elles sont bien cuites et bien employées , elles supportent autant de charge qu'un mur de l'épaisseur d'un pied. Pour garantir de toute humidité les cloisons que l'on serait susceptible de faire dans les caves, on fera avantageusement usage du ciment romain de Pouilly. A défaut de ce dernier, on pourra faire un mélange de moitié plâtre et moitié chaux; cette composition résiste beaucoup à l'humidité.

La distance la plus ordinaire et la plus convenable d'un poteau à un autre est de six pieds. Lorsque l'on manque de briques doubles pour faire de fortes cloisons, on remédie à cet inconvénient en se servant de briques simples, que l'on place à double rang : dans ce cas, il faut que les poteaux soient disposés à cet effet. On monte le premier rang comme il vient d'être expliqué, puis on plaque le dernier rang avec du plâtre gâché bon à prendre, et en ayant soin de croiser les rangées, on fait des cloisons très-solides.

Des briques cintrées.

Pour faire des cloisons en cintre, telles que dans les tournans d'escalier, dans les théâtres ou tous autres appartemens, on emploie les briques de la même manière que je l'ai expliqué pour celles posées sur champ, excepté que les cordeaux ne peuvent être placés de même. Ordinairement, on commence par fixer le point diamétral du cintre ; on tire une ligne d'aplomb en employant un fer rond et droit d'une longueur convenable, ou bien une pièce de bois disposée de la même manière ; puis on place une tringle horizontale qui guide l'ouvrier dans le placement des briques (V. figure 62, des niches). A défaut de ces préparations, on établit, sur toutes les faces, des cordeaux bien d'aplomb, à dix-huit pouces les uns des autres, et l'on se règle sur eux en ayant soin de maintenir les tournans pour le premier rang et ainsi de suite, et observant de toujours conserver le niveau, de bien graisser les briques et de couper les rangées, ainsi qu'il a été dit ci-dessus.

Des voûtes. (Figure 64, planche X.)

Dans plusieurs endroits, on construit des voûtes en remplacement des planchers, en outre qu'il y a économie, surtout dans les localités où le bois est cher ; on garantit par ce moyen les maisons de l'incendie. Pensant que beaucoup n'en font pas établir, par la raison qu'ils ne peuvent trouver des ouvriers faits à ce genre de travail, je vais faire mon possible pour en démontrer la construction, et en rendre l'exécution facile.

Pour bien faire ces voûtes, il faut avoir une certaine pratique, bien que le premier qui en essaya dût être apprenti pour ce genre de travail; mais le goût et l'attention entrent pour beaucoup dans la conduite de cet ouvrage. On établit généralement ces voûtes en cintre surbaissé, parce que faites en plein cintre, elles demanderaient trop de charge pour remplir les vidés et pour niveler, à moins que l'on ne fît de petites arcades en briques, pour éviter les massifs qui se butent au mur et au cintre de ces voûtes. Si l'appartement est spacieux, on place seulement une poutre au milieu, et l'on forme deux berceaux qui font assez bon effet. Pour voûter un appartement, que je suppose de douze pieds de large sur dix-huit de long, en faisant le cintre sur ces douze pieds, il n'est pas besoin de poutre au milieu, à moins qu'on ne veuille cintrer sur la longueur. C'est une précaution très-utile d'en placer, par la raison qu'il faudrait un cintre trop élevé, et que cela ferait perdre de la hauteur. L'on peut voûter cependant sans cela sur douze comme sur dix-huit pieds, puisque ce sont les murs qui doivent tout supporter : s'ils sont solides, il n'y a rien à craindre. Il faut, toutefois, par prudence, s'assurer de leur solidité avant de commencer à travailler, et si l'on craint un écartement, il faut le prévenir en plaçant des tirans en fer, disposés pour surpasser la voûte; on les recourbe à cet effet des deux extrémités, et en traversant les murs, ils y sont arrêtés par des S qui maintiennent le tirage de la voûte.

Toutes ces précautions prises, on décide la hauteur que l'on veut donner à la voûte. J'en ai vu qui, ayant quinze pieds, ne portaient qu'un pied de cintre : c'est ce que l'on entend par cintre surbaissé. On établit ensuite un modèle avec des planches cintrées ; bien fixées les unes aux autres, et d'une forme bien régulière, car ce sont elles qui doivent tenir lieu de cordeau. Lorsque ce modèle est ainsi préparé, on tire un niveau tout autour des quatre murs, pour fixer les lignes où les briques doivent s'asseoir : au-dessous de ces lignes ou rainures, sont posées des règles épaisses, ou bien des chevrons, exactement vis-à-vis les uns des autres, car ce sont ces chevrons qui supportent le cintre figuré à la planche X, que l'on doit avancer, selon le besoin et à mesure que l'on pose les briques. Chaque fois que l'on a fait un rang, on avance le cintre qui est au-dessous à une distance de deux ou trois lignes, de manière à ce que les briques ne portent pas dessus, et ne puissent gêner son mouvement en l'engageant : pour éviter ce désagrément, on doit le tenir toujours un peu en avant de l'ouvrage, ce qui sera plus commode que de le laisser dessous. L'échafaudage s'établit dans l'appartement en dessous de la voûte (V. figure 65, planche X).

Lorsque l'on fait des voûtes plafonnées, le cintre dont je viens de parler n'est absolument utile qu'à guider l'ouvrier ; et en ayant l'attention d'employer toujours de bon plâtre, de bien graisser les briques et d'étendre les bavures, on arrivera à confectionner des voûtes d'une solidité étonnante. On peut cependant en doubler la force en employant des briques d'épaisseur, ou, à ce défaut, en en mettant deux rangées ; cette précaution met ce genre d'ouvrage à l'épreuve. Je ferai observer que lorsqu'on fait des voûtes à deux rangs, le dernier rang s'applique sur la voûte en gâchant le plâtre à demi fort ; et au moment où il commence à s'épaissir, on le met de suite sur la brique que l'on place sur la voûte, en faisant en sorte que le plâtre liquide puisse couler sur les rebords, afin de la sceller de tous côtés, et en ayant le soin de croiser les joints pour mieux faire les liaisons.

De tous ces ouvrages, ce sont les briques sur champ, de distribution droite, qui sont les plus faciles à établir; car un ouvrier qui veut faire attention peut se trouver au fait dans l'espace d'une journée : aussi n'y a-t-il pas que les plâtriers qui fassent ces sortes de travaux. Les maçons les exécutent en général, accoutumés qu'ils sont à manier le cordeau et l'aplomb. Toutefois le travail des premiers présente une meilleure façon; en outre, le plâtre est mieux employé, sans parler de la différence d'habileté que peuvent avoir ces ouvriers, qui ont acquis, par une fréquente manutention de ces matériaux, une grande agilité. Car celui qui, par jour, ne peut faire sa toise de briquetage dans des parties courantes ne peut se dire ouvrier. J'ai vu des ouvriers qui employaient cent briques à l'heure, à peu près deux par minute; il est vrai que c'était dans des parties faciles et qu'ils avaient tout sous la main. C'est un des ouvrages les plus expéditifs de l'état de plâtrier.

Je ne puis fixer ni le montant de la main-d'œuvre, ni celui des fournitures, attendu que le prix des matériaux varie suivant les localités. Je dirai seulement qu'un ouvrier peut en faire deux toises par jour, enduites des deux côtés, et au moins une toise et demie, ce qui pourra servir de règle pour baser le prix de la journée. Quant à la quantité de briques nécessaires, je dirai que, en se servant de celles indiquées, il en faut un cent par toise de six pieds carrés, ou vingt-cinq pour un mètre; que l'on emploie au briquetage de cette toise vingt-six ou vingt-huit livres de plâtre, ou sept livres par mètre : pour enduire une face ou un côté, il en faut seize kilogrammes pour une toise, ou huit livres par mètre. Ainsi, ce sont quatre-vingt-douze livres, tant pour les enduits des deux côtés que pour briqueter, et les huit livre qui restent pour compléter le cent sont employées à garnir l'épaisseur des poteaux ou à toute autre fin, ou plutôt perdues par l'ouvrier en travaillant, en sorte qu'il est bien difficile de construire une toise de briques sur champ à moins de cent livres. C'est toujours cette quantité que l'on compte approximativement.

Il en faut au moins autant pour les cloisons cintrées; mais la main-d'œuvre en est plus difficultueuse, attendu que la direction en est moins régulière que pour les cloisons en droite ligne. Les poteaux que l'on emploiera pourront être de même placés à une distance de six pieds.

Quant aux voûtes dont je viens de parler, bien qu'elles ne soient enduites que d'un seul côté, il faut compter de même un cent de plâtre par toise, pour des briques d'un pouce d'épaisseur, en raison qu'il ne faut pas l'épargner en scellant les briques, ni en enduisant le côté intérieur de la voûte, afin de régulariser le cintre. Pour bien opérer, il faudra porter le plus grand soin à maintenir le plâtre en bonne force, afin d'ajouter à la solidité de la voûte, solidité qui peut s'accroître d'un tiers, lorsque l'on fait un bon enduit. Ces ouvrages se paient ordinairement un tiers plus que ceux dont j'ai parlé.

Des voûtes à croix de Saint-André, ou ogives.

Il y a encore un autre genre de voûtes plus difficile et qui exige des connaissances plus élevées : ce sont les voûtes qui se font dans les églises, et que l'on nomme *croix de Saint-André*. Elles sont plus difficiles, en raison de l'X qu'elles décrivent et qui oblige à leur donner six cintres différens ; je dis six, en ce que les côtés, qui se trouvent entre les arêtes de l'X, sont voûtés dans un genre particulier, pour venir se reposer sur ces arêtes qui forment ladite croix de Saint-André, en s'élevant en cerceau, ainsi qu'on peut le voir figure 66, planche X.

Ce dessin représente un carré ou bien un carré long ; la forme n'y fait rien. Lorsque l'on a choisi l'emplacement, que l'on est fixé sur la forme à donner à la voûte, soit en plein cintre, soit en cintre surbaissé, et que l'on est convenu de la hauteur qu'elle doit avoir, on établit des cintres qui viennent se poser sur les quatre angles des murs, et c'est de ces angles que s'établissent, en formant la croix, les lignes correspondantes des cintres. Cette croix, supportant les quatre demi-parties des deux cintres, vient se joindre exactement au milieu, et forme, lorsque tout est rassemblé, la monture d'une couronne impériale supportée par un mât (n°. 1 des figure et planche indiquées ci-dessus).

Les cintres étant bien établis avec des planches, ainsi que je l'ai dit pour les voûtes ordinaires, on les fixe à la hauteur désignée entre chaque angle ; et c'est en construisant des cintres d'un angle à un autre que la voûte s'achève et forme une croix de Saint-André, en sorte que chaque côté amène une voûte qui vient finir au milieu, en formant des arêtes qui font la beauté de l'ouvrage. L'on paie la main-d'œuvre de ces sortes de travaux le double des voûtes ordinaires. On peut, pour se donner un guide dans la construction des voûtes intérieures, avoir des tringles en fer cintré selon le besoin et la forme des ogives (V. figure 3, planche X). Ces cintres doivent porter de tout leur diamètre à la naissance des voûtes intérieures qui reposent sur le mur ; et comme ils doivent avancer à chaque rang de briques, plus ils approcheront de la clef, plus les deux extrémités de leur arc deviendront inutiles; en sorte que, étant arrivés à ce point, il n'y a plus qu'à les enlever.

Je dois faire observer que toutes les parties de ces voûtes doivent être montées ensemble pour se lier entre elles et se consolider l'une par l'autre; c'est le moyen le plus sûr d'éviter l'emploi des cintres pour les supporter. (V. la figure nº 2 de la même planche, représentant les quatre côtés commencés et que l'on continue jusqu'à la fin : c'est le vrai moyen de réussir.)

Observation sur les plafonds.

Les plafonds deviennent de plus en plus à la mode; leur emploi est même pour ainsi dire général. Les personnes qui jouissent d'une certaine aisance n'ont pas ce qui leur faut si leurs appartemens ne sont pas plafonnés, même avec luxe; et pour les faire établir, ils ont recours aux plâtriers, attendu que pour les faire bien et solidement, il faut être versé dans ce genre de travail. En effet, la manière d'employer le plâtre pour ces travaux exige de la science; pour lisser les plafonds aussi unis qu'une glace, et pour les rendre blancs comme l'albâtre, il faut bien des connaissances et beau-

coup de goût. Dans un ouvrage aussi susceptible, le moindre défaut paraît, et il y a tant de
précautions à prendre, que celui qui est ca-
pable de bien faire un plafond est réputé bon
ouvrier, attendu que de toute la partie des enduits, c'est la plus difficultueuse.

Un plafond bien fait est la décoration d'un
appartement, surtout s'il est revêtu de corniches ou de moulures. Depuis quelques années,
on y fait des sculptures si belles, si délicates, que
les artistes sont surpris de l'élégance de ce
travail. On imite les objets les plus agréables à
la vue; les beautés de la nature, l'histoire, la
fable, y sont représentées avec une étonnante
vérité, qui fait honneur au génie de l'artiste.

Quoiqu'assez rares, on peut cependant en
voir à Paris, dans les édifices publics, dans
les habitations des riches particuliers; la main
de l'artiste s'y décèle dans tout ce qui peut flatter
agréablement la vue. Aussi est-il à désirer que
ce beau genre de travail devienne de plus en
plus en usage, et les sciences et les talens, dont
les progrès rapides ne sont plus douteux, feront facilement trouver des ouvriers capables
d'atteindre la perfection.

L'instruction que je présente aujourd'hui ne
s'étend pas sur toutes ces parties; mais en expliquant la manière d'établir les plafonds unis

et de bien faire les quadratures correctement, j'aurai démontré les premiers principes qui peuvent conduire à la perfection de l'art, et c'est par là que commencèrent les artistes qui nous ont donné des ouvrages si beaux. Comme il y a différentes manières de plafonner, je vais tâcher d'expliquer cette variété qui se remarque en France d'une contrée à l'autre.

Je commencerai par la capitale du royaume, attendu que c'est à Paris que se font les plus beaux ouvrages et les plus solides plafonds. Dans cette ville, où l'or et l'argent abondent, les ouvriers et les artistes ne manquent pas non plus; l'affluence des matériaux nécessaires contribue encore à assurer la primauté aux ouvrages qui s'exécutent dans cette grande cité. Cependant l'art de faire des plafonds est encore loin d'y avoir atteint la perfection désirable, par la raison que les ouvriers qui les construisent ne savent pas les enduire proprement, et qu'il faut employer la peinture pour les rendre recevables. Sans cela, ce ne serait qu'un massif de plâtre de toutes couleurs, et en outre il serait granuleux, car ils n'ont pas la méthode de bien enduire et de finir leur ouvrage quand il est dressé, ce qui s'obtient au moyen de la raclette, instrument fait exprès pour cela.

A Paris, il n'y a pas de plâtriers comme

en province. Les ouvriers qui emploient le plâtre y sont nommés *maçons*, et l'on donne le nom de *plafonneurs* à ceux qui s'occupent exclusivement de faire la partie du plafond. Toutes les constructions y sont faites en plâtre, excepté les fondations que l'on élève jusqu'à hauteur d'appui avec du mortier de chaux. On ne se sert pas plus loin de ce mortier, attendu qu'il est trop long à sécher, et qu'il coûte plus cher que le plâtre ; mais comme l'on a acquis l'expérience que le plâtre bien employé se durcit de suite, on a pris l'habitude de s'en servir dans toutes les constructions. Dans les faubourgs, la pierre de plâtre cru sert à faire les libages, et le plâtre cuit, grossièrement pulvérisé, est employé à l'ouvrage de la ville. Ce genre de travail est maintenant prohibé, par la raison que ces matériaux ne peuvent supporter une forte charge et que le salpêtre les détériore promptement; de façon que l'on emploie des pierres d'une autre nature avec le plâtre pulvérisé, pour faire les constructions. Ce sont ordinairement des pierres de Chantilly, d'un pied de long et de cinq pouces d'épaisseur. On construit les murs avec ces pierres, que l'on place sur un rang ; seulement on les scelle avec le plâtre, dans le même genre que la maçonnerie dont j'ai parlé ci-dessus.

Les murs ainsi établis, on recouvre les pierres en dedans et en dehors par des enduits de plâtre gâché à demi fort, que l'on jette à la truelle et que l'on racle après pour le mettre d'aplomb, au moyen de repaires qu'on établit dans tous les angles. On fait aussi beaucoup de constructions en bois, dont on remplit les vides avec du vieux plâtre, et que l'on scelle avec du neuf pour les distributions ; on en fait aussi en briques, placées de plat, mais fort peu. On n'en voit pas en briques sur champ ; on doit s'en étonner, car il n'y a rien de plus commode ni de plus facile. Il paraît que les ouvriers ne connaissent pas cette manière de travailler, et qu'ils évitent de la mettre en pratique.

C'est pour cela que les distributions intérieures se font par des cloisons que l'on appelle *ourdies* : pour les construire, on établit des poteaux à peu près semblables à ceux dont on se sert pour les cloisons en briques sur champ, et les maçons les posent, selon que l'exigent les remplissages qu'ils doivent employer, et qui, le plus ordinairement, sont des débris de planches d'emballage, que l'on met suivant la distance des poteaux, en les entrelaçant dans les rainures ; après quoi les vides sont remplis de gros plâtre gâché à demi fort, puis on les recouvre d'un enduit de plâtre plus fin, que l'on gâche et que l'on dresse suivant l'usage. Ces espèces de cloisons sont rarement bien faites, en ce que l'humidité du plâtre fait tourmenter les planches qui en forment l'intérieur, et poussent l'ouvrage au vide, ce qui oblige à y revenir plusieurs fois. Les cloisons en briques sont bien préférables; en ce qu'une fois bien construites, elles sont immuables et peuvent supporter de grandes charges : utilité que ne peuvent présenter celles faites en plâtre.

Des plafonds faits *à la parisienne.*

On fait à Paris les plafonds bien différemment que dans les villes de province : d'abord, ils sont construits sous des charpentes plus faibles, car on emploie des chevrons semblables à des membrures, ayant trois pouces d'épaisseur et cinq à six de large; mais au moyen du fer qui les enlace et qui maintient l'écartement des murs, on parvient à faire des plafonds très-solides. Pour les latter, on se sert de lattes de bois de chêne refendu, que l'on place à deux et trois pouces les unes des autres, et que l'on fixe par des clous. Leur longueur est de quatre à cinq pieds, et leur largeur d'environ quinze à dix-huit lignes sur deux d'épaisseur; mais cette épaisseur n'est pas convenable.

L'appartement étant ainsi latté, pour leur appliquer une première couche, on établit des planchers de longueur en dessous des lattes ; ces planchers sont ou cloués ou étançonnés par des pièces de bois qui les doivent maintenir solidement ; et c'est par l'étage supérieur que l'on applique cette première couche. Les planchers volans ainsi établis entre la distance des solives, les ouvriers montent du gros plâtre qui doit être gâché presque fort ; après quelques momens, on remue pour voir s'il est épaissi, et si on le juge bon, on le coule entre les solives sur les lattes qui sont en travers, et le plâtre se trouve retenu par les planchers qui sont dessous.

De cette manière, on établit une couche de deux pouces environ et qui fait voûte avec les solives. On est dans l'usage, en ce pays, de latter seulement en dessus et de former un massif de gros plâtre sur lequel on carrèle sans autre préparation. Le plafond, ainsi dégrossi ou ébauché, on défait les planches qui sont dessous, pour le passer en dernière couche. A cet effet, on établit des échafaudages, ensuite quatre à cinq ouvriers se mettent à établir les niveaux tout autour du mur, au moyen de règles posées en conséquence et qui leur permettent de faire des répaires qui doivent servir de guide. Après, ils jettent le plâtre avec un balai ou avec les truelles ; lorsque ce dernier prend une épaisseur suffisante, ils le dressent et en raclent les trop fortes saillies.

Pour terminer les plafonds, on emploie du plâtre passé au tamis de crin, et dont la finesse permet de recouper plus finement l'ouvrage. Ainsi, un plafond est fini quand il est de niveau et bien coupé également. Ces ouvriers de Paris n'ont pas une idée des enduits : car, pour un plafond ainsi construit, il ne faudrait pas plus de quatre livres de plâtre fin par toise, pour bien enduire ; ce sont les peintres qui les finissent, en passant plusieurs couches de blanc de Bougival délayé dans de la colle claire. Les plafonds construits dans cette ville ont trois pouces d'épaisseur ; mais cela peut varier selon la dimension des solives ou du niveau.

Depuis quelques années, les plafonneurs parisiens emploient la taloche, qu'ils croient avoir inventée ; il n'y a pour leur propriété que la forme, qui diffère de celle que j'ai représentée ci-dessus. Celles de Paris ont un pied sur dix-huit pouces environ ; une cheville placée au milieu, et longue de six à sept pouces sur un de diamètre, forme la poignée : ils s'en servent pour étendre le plâtre qu'ils ont jeté.

Des corniches faites à *la parisienne*.

On fait, à Paris, des quadratures et des corniches aussi solides qu'en province, par la raison que le plâtre y est toujours employé dans
sa force ; la manière de pousser est à peu près
celle suivie généralement. On se sert de règles,
de sabots et de calibres ferrés, qui coupent plus
à vif que ceux qui ne sont qu'en bois. On les
appelle *calibres ferrés* toutes les fois qu'ils sont
garnis d'une plaque de fer qui suit les dessins
et les contours du calibre ordinaire, ou, pour
mieux dire, cette plaque de fer est véritable-
ment elle-même le calibre, puisque préalablement à sa pose sur le bois, où des vis viennent
la fixer, on a dû la façonner suivant l'exigence
du dessin.

Lorsque les calibres sont ainsi établis, on
pousse des corniches avec beaucoup plus de facilité qu'avec ceux qui sont en simple bois. Le
plâtre s'emploie en général très-fort à Paris ;
mais, par une mauvaise habitude, il est gâché
à l'absence de celui qui l'emploie, dans la partie basse du bâtiment, d'où le manœuvre le
monte, la gâche sur la tête, aux étages supé-
rieurs. Il arrive alors que, la distance étant un
peu considérable, le plâtre prend avant d'être
arrivé à destination. On ne gâche pas à la

truelle, ainsi que font les plâtriers ; c'est avec une pelle que l'on sème le plâtre sur la surface de l'eau, jusqu'à ce qu'il paraisse venir en dessus : c'est ce qui sert de règle à cet égard. Le plâtre que l'on emploie est ordinairement battu à la batte et grossièrement tamisé, en sorte qu'il s'y trouve des grains gros comme des noisettes ; mais, pour les dernières cuoches, on emploie du plâtre passé au tamis de crin. Cette opération de le fabriquer dans les chantiers mêmes où il doit être employé, présente de graves inconvéniens.

Des lattes convenables au lattis.

Pour plafonner, on emploie différentes qualités de lattes. Dans plusieurs pays, on se sert de planches minces que l'on fend à coups de hache et que l'on applique aux solives, avec le soin d'écarter les fentes à mesure que l'on pointe. En d'autres endroits, on fait usage de lattes de fente, soit en chêne, soit en sapin ; mais les premières sont préférables ; et, pour les employer avantageusement, il faut en avoir de plusieurs longueurs. On atteindra ce but en les commandant en fabrique, et en variant les longueurs depuis deux pieds jusqu'à cinq : par cette variété, on trouvera un très-grand avantage. Ces lattes ont ordinairement de quinze

à dix-huit lignes de large et trois à quatre d'é-
paisseur ; elles sont liées en botte par cinquante
et rangées en fil de fente que l'on a le soin de
suivre en les employant, pour établir des distances égales des unes aux autres ; cet intervalle
est ordinairement de quatre à cinq lignes. Un
troisième genre de lattes est encore en usage :
ce sont des lattes ou liteaux faits en bois de sapin, de différentes longueurs, car on en voit
qui ont de douze à quinze pieds de long, et
dont l'épaisseur est de quatre à dix lignes. Elles
sont bien avantageuses pour plafonner, vu la
convenance de leur longueur et leur disposition
à recevoir le plâtre.

Dans les lattes en bois de chêne, on distingue
deux qualités : la supérieure est celle que l'on
tire du cœur du bois, et l'inférieure se fait
avec le dessus. Après l'écorce, se trouve une
épaisseur de bois blanc, que l'on nomme *au-
bourg*, par la raison qu'elle se pique et se réduit en poussière, de manière que les lattes
que l'on en tire, quoique plus belles que celles
faites avec le cœur, se vendent à moitié prix de
ces dernières. Toutefois, pour faire un bon
usage de ces lattes et les empêcher de se piquer,
il est à propos de les faire tremper dans l'eau
pendant quelques mois ; cette précaution les
noircit, et empêche le ver de s'y mettre.

De la manière de latter.

Comme il existe plusieurs manières de dégrossir, de même aussi l'on emploie plusieurs
moyens pour latter ; je me bornerai à déve-
lopper les principes suivis dans l'état de plâtrer,
attendu que c'est la méthode la plus usitée dans
la France : à quelques petites différences près,
dans le lattis et dans le dégrossissage, ces principes sont toujours les mêmes. Ainsi, pour bien
latter un plancher, l'ouvrier doit avant s'assurer
s'il est de niveau ; alors il trace un nivellement
tout autour des murs de l'appartement à la
hauteur exigée, et s'assure du niveau ; si la
règle est arrivée exactement à son point de départ. Dans ce cas, si les solives ou planchers
sont à hauteur égale, les niveaux sont justes.
Si le cas contraire se présente, ce qui peut souvent arriver, on se guide sur la partie la plus
basse du plancher. On établit des cordeaux sur
toutes les directions qui correspondent aux
lignes du nivellement d'emprunt. La différence
qui existe donne les moyens de placer les fourrures convenables ; ces fourrures doivent avoir
deux pouces de plus que la largeur nécessaire,
afin d'être fixées par des clous sur le côté des
solives.

Il est bien plus aisé de les placer sur les côtés

des solives qu'au-dessous, car en les mettant de cette dernière façon, on peut éprouver plusieurs inconvéniens. Toutes espèces de planches peuvent y être employées, pourvu qu'elles aient un pouce d'épaisseur; on se sert aussi de croûtes, car du moment qu'elles sont dressées du côté destiné à recevoir les lattes, c'est suffisant; on les fixe avec de fortes pointes, et le lattis est solide. A la solive où vient aboutir l'extrémité de la latte, il serait à propos de mettre un double de fourrure ou une plus épaisse, afin de recevoir l'autre longueur de latte, sans être obligé de la croiser sur la précédente, ce qui donnerait une épaisseur double, et c'est ce que l'on doit toujours éviter.

La distance ordinaire d'une solive à l'autre est d'un pied ou quinze pouces; mais du moment que cette distance se trouve passer dix-huit pouces, il est de toute nécessité de remplir l'intervalle, soit avec de petits chevrons ou solives, soit avec des lattes en travers, au milieu de la distance, pour consolider et prévenir le gondolement que les lattes pourraient faire, vu leur trop grande portée. Mais s'il n'y a que quinze à seize pouces, et que l'on pointe sur des solives un peu larges, on met doubles pointes, une sur chaque rive; cela donne bien de la force aux lattis. Une fois le plancher bien dressé et les lattes en grandeur convenable, un ouvrier peut latter huit à dix toises dans une journée. Pour le faire bien et promptement, il faut exactement suivre les couches de lattes, surtout à l'égard de celles qui sont faites de chêne fendu. On doit aussi s'accoutumer à enfoncer une pointe en trois coups de marteau ; on en donne un léger, afin que la pointe prenne dans la latte et pour pouvoir ensuite retirer les doigts et arriver à l'enfoncer de deux coups de marteau bien dirigés. Les pointes d'un pouce, n° 13, sont les plus faciles à employer, et doivent être préférées en ce qu'une livre en contient au moins quatre cent cinquante ; cette quantité est suffisante pour faire deux toises de lattis.

Du lattis des poutres, ou pièces de bois.

Les poutres se mettent aussi de niveau, à l'aide de fourrures clouées en-dessous de ces poutres, en ayant soin de les tenir d'une longueur égale, après quoi l'on couche les lattes dans leur longueur. Mais si ces poutres sont flacheuses et qu'il n'y ait pas de fourrures, il faut latter en travers avec des rognures de lattes, en se guidant sur des cordeaux posés au point des arêtes. J'ai vu des pièces de bois fort droites et que l'on n'avait pas besoin de latter. Si l'on se trouve dans pareil cas, il suffit d'entailler à la hachette ces poutres pour les disposer à recevoir un enduit de plâtre gâché bon à prendre, auquel on a ajouté une partie de bourre à bourrelier. Ce mélange, qui donne une grande solidité à l'ouvrage, forme une espèce de blanc-en-bourre en plâtre, et qui ressemble à peu près à celui dont je parlerai ci-après.

Du lattis des pans de bois.

Outre les plafonds, il y a aussi des cloisons en charpente. Cela se pratiquait anciennement, surtout dans les pays où les bois étaient en abondance. Il arrive que l'on fait du lattis dessus, et il est bien rare qu'il soit droit. Pour remédier à ce défaut, on tire des lignes d'aplomb, afin de trouver les corrections à faire, puis on place des fourrures selon le besoin, sur lesquelles on latte en travers, un peu plus large que pour les plafonds, deux pouces d'intervalle étant suffisans pour assurer la solidité de ce genre d'ouvrage, pour lequel il est bien à propos d'avoir des lattes de diverses grandeurs ; on éviterait par-là les rognures et la perte du temps.

Plafonds faits par les plâtriers en province.

Après que les fourrures sont placées, on se met à latter. Pour bien faire ce travail, il est à propos d'avoir des lattes de diverses grandeurs, ainsi que cela se pratique à Lyon, à Bordeaux et à Nantes. Les ouvriers de ces villes emploient des lattes faites à la scie, et qui ont de quatre à quinze pieds de longueur. Par ce moyen, on n'a pas besoin d'en rogner une seule; il ne faut que prendre la mesure de l'appartement, et aller dans les magasins choisir celles qui sont convenables. Il y a des maîtres plâtriers qui les font fabriquer et qui en sont très-bien assortis. Ces lattes ou liteaux sont ordinairement en bois de sapin, d'un pouce à quinze lignes de largeur et de six à huit lignes d'épaisseur.

On latte ordinairement à la distance de quatre lignes : cet intervalle est suffisant pour qu'il se forme des bourrelets de plâtre, nécessaires à supporter les plafonds qui n'ont ordinairement que trois ou quatre lignes d'épaisseur, ce qui, joint à l'épaisseur des lattes, forme un total d'un pouce. Ce genre de plafond est tout ce qu'il faut, en outre qu'il est moins dispendieux, et que sa confection exige peu de temps. Ce genre de lattes est aussi très-avantageux pour accélérer le travail, attendu qu'un ouvrier peut, par leur emploi, latter de huit à dix toises par jour.

Je pourrais dire qu'on latte les plafonds généralement dans l'ouest de la même manière que dans le midi de la France ; il n'y a que les dégrossissages qui diffèrent, en ce que, dans le pays où le plâtre est à bon compte, on n'emploie que cette matière seule, et que dans les localités où son prix est élevé, on emploie une autre composition dont je donnerai le principe après avoir traité des plafonds en plâtre.

Des escaliers.

Il y a bien des précautions à prendre pour latter le dessous des escaliers tournans, afin de ne pas éprouver de pertes ; car il faut souvent rogner des longueurs, pour former les contours que certains escaliers décrivent. Les lattes de chêne fendu sont ici préférables ; il faut les choisir de longueur convenable et parmi les plus minces. On commence par le bas de l'escalier ; il ne faut pas épargner les pointes, car ce sont elles qui forcent les lattes à faire le tournant. Cet ouvrage est le plus difficile du lattis. Pour avoir moins de peine, on ferait bien de faire tremper pendant quelques jours ces lattes, qui en deviendraient plus tendres et plus flexibles.

Des plafonds tout en plâtre.

Les planchers une fois lattés, on peut les dégrossir ; on se sert pour cela de bon plâtre.

C'est en dégrossissant que l'on établit la solidité des plafonds, selon que l'on emploie plus ou moins bien le plâtre. Il y a des ouvriers qui commencent par jeter au balai le plâtre sur les lattes ; cet apprêt sert à retenir celui que l'on doit mettre ensuite.

Pour avoir du bon plâtre, on doit en gâcher peu à la fois et toujours dans une force convenable. Ordinairement on gâche dans une quantité de dix litres d'eau un pareil poids ou volume de plâtre : c'est la règle dont on use, surtout lorsque le plâtre est bon, pour dégrossir les plafonds. Ainsi un seau d'eau est suffisant pour les parties courantes ; mais, lorsqu'il se présente des difficultés, c'est à l'ouvrier à décider de la variété et de la force qu'il doit lui donner. Lorsque le plâtre est bien gâché et bien remué, au moment qu'il commence à s'épaissir, on trempe le balai dedans, puis on en frappe les lattes. Il se forme par ce moyen une multitude de petits globules, qui se durcissent et aident à recevoir les couches que l'on doit mettre après. On obtient le même résultat avec la taloche ; et, de plus, en usant de cette dernière, il se perd beaucoup moins de plâtre. Mais il n'y a pas de règle fixe ; cette opération se fait au goût de l'ouvrier. Ici l'emploi de la taloche est très-utile pour étendre le plâtre sur le lattis ainsi gobeté.

Au moment que le plâtre s'épaissit, on l'étend sur le travers des lattes, en attendant un peu pour qu'il ait le temps de les envelopper et de pouvoir s'y fixer.

La taloche n'étant avantageuse que pour les grandes parties, les angles, les arêtes, sont faits à la truelle, pour laquelle on a plus de dextérité. Une fois que l'on a donné grossièrement une première couche, on en passe une deuxième, afin de remplir et de dresser le plafond, que l'on achève de dégrossir à la taloche ou en le raclant avec la grosse truelle, pour le dresser et le préparer à recevoir la troisième couche, que l'on nomme *enduit*. Pour bien dégrossir un plafond latté à l'ordinaire, on compte un cent de plâtre par toise; il en faut un peu moins si le lattis est serré. La distance la plus ordinaire, et celle qui tend à faire les meilleurs plafonds, est de trois à quatre lignes : on obtient l'uniformité de cette distance en tenant dans cet intervalle, le petit doigt de la main qui tient la latte. Un ouvrier ordinaire peut faire six toises de plafond dégrossi; il y en a même qui en font dix.

Des plafonds qui se finissent de suite.

Les plafonds qui se finissent de suite sont ceux qui se dégrossissent, ainsi que je viens de le dire, et pour lesquels on a soin de tenir le

plâtre un peu plus fort, en raison qu'il faut les
enduire aussitôt. Ce procédé, qui fait beaucoup
travailler le plâtre, exige qu'il ait une grande
dureté. Ainsi, pour faire et finir ces plafonds,
on emploie les mêmes moyens que pour les précédens.

Une fois que le plafond est bien dressé, on
se met en devoir de passer la dernière couche
de plâtre fin. Si l'on a du plâtre un peu trop
cuit ou trop vieux, c'est le cas de l'employer,
et il sera bien préférable au plâtre vert pour ces
enduits. En raison de ce que ces qualités seront
moins fortes, on devra gâcher plus épais; et
cette épaisseur, qui donne plus de consistance
à l'ouvrage, empêche le plâtre de se fendre et
de galer. En employant du plâtre bien blanc et
en l'étendant comme il convient, on établit de
beaux plafonds, excepté qu'ils ne sont pas polis
comme ceux que l'on n'enduit qu'après avoir
fait sécher les premières couches pendant l'espace de quinze jours, plus ou moins, selon le
temps.

Observation sur les enduits. Manière de les faire et moyens de les appliquer.

Le mot d'*enduit* est applicable à toute espèce
d'ouvrage en plâtre, quelle qu'en soit la forme
ou quelle que puisse être sa destination. Toutes les

fois qu'on applique une couche de plâtre sur un objet, sans que cette couche puisse le dénaturer, cela s'appelle *enduire*, attendu que l'on fait cette opération pour lisser et embellir et non pour détériorer l'objet. Quand on doit enduire une voûte, un cintre ou toutes parties rondes ou en bosses, etc., il faut que ces parties soient bien correctement disposées, suivant la forme voulue, avant d'appliquer l'enduit; c'est un moyen efficace de joindre la beauté à la solidité.

L'endroit où cette couche de plâtre doit être appliquée détermine la force que l'on donne à l'enduit; il est ou plus fort ou plus faible, suivant que les parties qui le doivent recevoir exigent plus ou moins ce degré. Le travail seul donne l'expérience nécessaire à juger des fautes que l'on peut faire; et c'est un grand talent chez un ouvrier que de pouvoir proportionner au besoin des parties à enduire la force plus ou moins grande du plâtre que l'on y destine. Mais ordinairement on se sert de plâtre à prendre. On entend par le mot *plâtre à prendre* celui qui est gâché à une égale quantité d'eau et de plâtre. Mais on peut en obtenir une division de degrés de force, selon que les parties l'exigent, soit en plus, soit en moins, d'après la nature de leur construction. On obtient ces différens degrés, en mélangeant plus ou moins

7.

une matière à l'autre ; et, comme je l'ai déjà
dit, toutes ces connaissances sont le fruit d'une
pratique et d'une expérience raisonnées. Je vais
cependant tâcher, en peu de mots, de vous en
faciliter la compréhension, sans abuser de votre
patience.

Je crois avoir établi que la force du plâtre est
réglée par la nature des parties où il doit être
appliqué. En première ligne se placent les vieux
murs qui ont été peints, ou qui, se trouvant
humides par leur position locale ou exigeant de
trop fortes épaisseurs d'enduits, ou qui, étant
construits en pierre dure, ne peuvent pas prendre l'eau : ce qui s'appelle *ne pas tirer*. Pour
appliquer les enduits sur ces murs, on devra
gâcher autant de plâtre que d'eau ; encore faut-il
que le plâtre soit bon : ce degré de force est
essentiel, lorsque l'on doit au même instant enduire des deux côtés des briques sur champ
d'une moyenne épaisseur ; il en est de même
pour les voûtes qui exigent de la solidité et pour
faire des plafonds tout en plâtre.

Mais, pour des murs neufs qui n'ont été que
grossièrement enduits, on diminuera la force
du plâtre, en en mettant moins dans l'eau.
Quant aux murs qui sont bien droits et qui ont
été enduits au bouclier, avec du mortier de
chaux vieille éteinte et qui ordinairement *tirent*

bien, on peut gâcher le plâtre à raison d'un tiers dans deux tiers d'eau. Ce dernier mode de gâcher est encore applicable aux vieux murs, premièrement enduits en plâtre, ou sur ceux qui sont construits en pierres tendres, et qui ont la propriété d'attirer l'eau. En un mot, pour bien faire, il faut user de goût et de précaution pour ces sortes de travaux.

Il peut arriver que, lorsque l'on en gâche une grande quantité, il paraisse trop faible, en raison de ce que le plâtre tend à aller toujours au fond; et de même, s'il n'y en a que peu, on est porté à croire qu'il est trop fort, mais c'est une grande erreur. Pour ces motifs, chaque fois que l'on voudra en gâcher une grande quantité, il devra paraître maintenu au-dessous de la force que l'on désire; on emploiera le moyen inverse pour une petite quantité, c'est-à-dire que l'on le gâchera au-dessus de la force que l'on veut lui donner.

L'application du plâtre comme enduit né-cessite l'emploi des outils dont j'ai donné la forme et le nom. Nous commencerons par les grosses truelles, qui sont de toute nécessité, soit pour gâcher le plâtre, soit pour le remuer au moment qu'il prend, et même pour l'étendre dans les endroits que la taloche ne peut at-teindre. Ensuite viennent les truelles fines, des-

tinées à étendre le plâtre en dernière couche et
à polir l'ouvrage; les petites servent à finir les
joints et toutes les petites parties que n'ont pu
façonner les grandes truelles fines. Nous n'ou-
blierons pas l'usage de la taloche, qui est un
des outils les plus avantageux pour étendre
promptement le plâtre dans les grandes parties, soit rondes ou cintrées; dans l'un ou
l'autre de ces cas, un ouvrier intelligent sait
l'employer avec dextérité.

Lorsque le plâtre est jugé bon à employer,
l'ouvrier prend la grosse truelle pour en mettre
environ deux truellées sur la taloche, qu'il saisit
alors à deux mains; il la présente à la partie à
enduire, en lui donnant une inclinaison convenable à l'apposition du plâtre dont elle est char-
gée; puis il en tire des longueurs de cinq à six
pieds selon le goût, en ayant le soin de bien
égaliser ses couches; ainsi de suite, jusqu'à ce
que les trois quarts au moins de la gâchée soient
étendus par cet instrument. Mais, au moment
où il saisit sa grosse truelle pour charger sa ta-
oche, il doit peler la surface de sa gâchée, afin
de resserrer cette partie surfine et plus liquide
pour être employée par la truelle fine; ainsi
que nous allons le voir.

On prend ensuite la truelle fine, pour employer la partie de plâtre restant, afin d'adou-

cir, et d'égaliser les parties que la taloche a laissées incorrectes, et pour disposer l'ouvrage à recevoir le poli.

Il est de toute impossibilité de faire usage de ces truelles pour enduire avec une seule main. En conséquence, la main droite saisit le manche; la main gauche, qui est munie d'une certaine quantité de plâtre à étendre, s'en décharge à chaque coup de truelle, en même temps qu'elle sert à donner la pression nécessaire à l'égalisation de l'enduit. Cette pression s'opère par un mouvement égal des deux bras et par la main gauche, dont les doigts ne quittent jamais la truelle, et c'est en partie cette main qui fait accélérer l'enduit. Si l'on trouve un coup de truelle insuffisant, il faut en donner deux. On doit éviter les graviers qui se trouvent dans le fond des gâches, surtout dans une dernière couche, attendu que cela formerait une rayure qui empêche toujours d'obtenir un beau poli.

Ces graviers, ou gravois, qui se forment toujours dans les encoignures des gâches, n'existeront pas, si l'on a le soin de maintenir ces dernières bien propres et de n'y pas laisser de vieux plâtre. A cet effet, on a le soin, en dégrossissant, de tirer des coups de truelle, soit à droite, soit à gauche, de manière à bien aplanir et rendre le lissage plus facile. On peut continuer

à dégrossir sur toute la longueur de son échafaudage. Cependant, si ce sont des parties qui
tirent, et qui ne permettent pas par cette raison
d'en étendre une grande quantité, il faudra
lisser à mesure. (Voyez, pour faire ces enduits
à lisser, page 163.)

On racle gros comme un œuf de cet enduit,
que l'on met dans sa main gauche, pour le
placer sur la truelle fine qui doit lisser l'ouvrage. Les premiers coups que l'on donne
étendent ce poli dans un espace de trois à quatre
largeurs de truelle ; puis on repasse la truelle à
sec en pressant dessus, ce qui termine l'opération d'enduire ; l'on continue jusqu'à ce qu'on
arrive aux angles, que l'on a soin de bien dresser avec les grandes truelles, ensuite avec la
petite truelle, qui ragrée ce que la grande a laissé
incorrect. Les arêtes des poutres et autres se
font en partie et mieux avec la truelle fine ; on
n'emploie la petite que pour adoucir et ôter les
bavures.

Dans les parties ordinaires et courantes, un
ouvrier fait facilement six toises d'enduits de
plafond et autant sur des murs vieux et désavan-
tageux ; mais il peut en faire davantage sur des
murs neufs et sur ceux qui sont bien droits et
enduits au bouclier ; il est facile d'en faire jusqu'à dix toises. Je ne puis cependant rien pré-

ciser à cet égard, en raison des difficultés dont ce travail peut être susceptible, ni pour la quantité de plâtre nécessaire, ayant vu des murs qui en employaient quarante livres, d'autres trente, même vingt, quinze et dix. Cette variation repose sur la nature des parties à enduire, selon qu'elles sont plus ou moins droites.

Manière de bien enduire les plafonds.

Les enduits des plafonds sont les plus difficiles et les plus vétilleux : le moindre défaut y paraît. C'est pour cela que l'on doit prendre bien des précautions et que l'on doit avoir le soin de bien dégrossir, afin qu'ils soient bien droits. La truelle fine y glisse plus facilement et dans une plus grande largeur. En outre, il faut, pour faire et enduire de beaux plafonds, avoir aussi du plâtre beau, fin et bien cuit. Quand on est muni de ces matériaux, on peut se mettre à enduire ; toutefois l'on doit préalablement examiner si les pointes ou les clous qui ont servi pour fixer les lattes n'ont pas fait des taches de rouille. S'il en est ainsi, il faut graisser les parties rouillées avec du suif de chandelle, ou bien les frotter avec de l'herbe ou des feuilles de plantes, n'importe ; l'un et l'autre sont également bons pour empêcher la rouille de traverser l'enduit. S'il y a des parties où le plâtre ait été mal employé, et que quelques parties se soient fendues, il faut les repasser avec du bon plâtre. En un mot, il est essentiel que le plafond soit bien dégrossi ; et, s'il est à ce point désirable, on peut commencer à enduire.

Pour bien enduire un plafond à la truelle fine, il faut commencer du côté des croisées qui donnent le plus de jour dans l'appartement ; il faut prendre ses dispositions pour que ce côté soit toujours à la gauche de l'ouvrier. De cette manière, on traverse les croisées et l'on vient finir à l'extrémité, vis-à-vis du point de départ, en suivant toujours le même sens, ce qui met les coups de truelle en travers du jour ; et, en ayant le soin de calculer la distance des longueurs, on évitera de faire arriver la jonction des parties enduites au milieu des croisées. Tous les coups de truelle doivent suivre la même direction ; c'est le seul moyen d'avoir une teinte égale : ce qui ne peut s'obtenir, si l'on tourne un enduit ; car alors le plâtre paraîtrait avoir plusieurs nuances, et cela ferait un mauvais effet, quand même le plafond serait bien uni. Le seul moyen de bien opérer est donc de tirer les coups de truelle du même côté, ce qui peut facilement se faire, l'ouvrage fait se trouvant toujours à gauche de l'ouvrier, en partant du côté des croisées qui donnent le plus de jour ;

en sorte qu'il n'y a que de petites parties d'enduit qui se trouvent dans un sens opposé au côté du mur situé derrière l'ouvrier.

Pour mieux m'expliquer et me faire comprendre, je suppose les ouvertures prenant jour par le midi : l'ouvrier commencera par enduire une petite partie d'environ un pied, le long du mur qui fait face au levant. Cet enduit ne peut être fait qu'en regardant ledit mur. Une fois ce côté fait, l'ouvrier se retourne pour enduire en traversant les jours, et viendra finir vers le mur placé au couchant ; et, ainsi de suite, on termine le plafond, en se retirant vers le mur qui se trouve au nord : à cet endroit, se trouve une lisière différente des autres. Mais on peut suivre la même direction, en se tournant du côté du mur qui se trouve au couchant et en poussant sa truelle devant soi ; il y a cependant des ouvriers qui ne peuvent pas user de ce moyen. Dans ce cas, l'on finit comme l'on a commencé, en lissant le moins large possible, un pied tout au plus.

Autre moyen d'enduire les plafonds.

Il y a une autre manière d'enduire et qui peut très-bien convenir aux plafonds que l'on veut finir aussitôt qu'ils sont dégrossis. Ce genre d'enduit consiste à ne suivre aucune direction,

quoique cependant on doive de préférence suivre la longueur des lattes, par la raison que si les plafonds ne sont pas bien droits, en suivant ainsi la direction du lattis, on éprouve moins de difficulté, et que la truelle porte plus au large dans ce sens-là.

On peut aisément faire cet enduit, en se tournant de tous côtés. Une fois le plafond terminé, on passe un pinceau sur toute la surface de l'enduit. Ce pinceau est ordinairement plat et forme une queue de morue de quatre à cinq pouces de large, que l'on trempe de temps en temps dans de l'eau bien propre. On l'étend dans une longueur de cinq à six pieds, bien en droite ligne et en suivant la direction du jour. On peut appliquer ici le genre de comparaison employé ci-dessus; et, en se figurant que le jour vienne du midi, on tirera les coups de pinceau du nord au midi. On voit par là qu'ils doivent suivre le jour à l'inverse de l'enduit dont je viens de parler.

Cette méthode, qui est encore en usage dans quelques pays, est assez commode, en ce que l'on obtient une nuance uniforme par un procédé bien simple. A défaut de pinceau, on peut se servir d'une forte éponge que l'on trempe de temps à autre dans l'eau; cette opération très-prompte donne une blancheur de plus. Dans ces genres de plafonds, on aperçoit légèrement des lignes que le pinceau a tracées; mais, si elles sont droites et alignées, ce n'est pas ridicule. Je crois avoir suffisamment expliqué le deuxième moyen d'enduire les plafonds.

Moyen de faire l'enduit à polir.

On ne peut pas bien lisser, si l'on n'a pas de poli. On appelle *plâtre à polir,* du plâtre très-fin, que l'on gâche très-faible, à épaissir comme du fromage mou, et dont on se sert, en petite quantité, pour passer en dernière couche à faire les enduits. Quoique l'on puisse enduire avec le plâtre ordinaire des gâchées, il est toujours mieux d'avoir du poli fait exprès; l'ouvrage se lisse mieux et en acquiert une plus grande beauté. Chaque fois que l'on devra enduire des parties considérables ou exposées au jour, il faudra faire usage du poli. On le fait et on le gâche comme à l'ordinaire; seulement ce n'est que du plâtre déjà d'une certaine finesse, que l'on passe au tamis de soie, afin d'éviter d'en avoir du gros. On le gâche avec propreté et précaution; aussitôt que l'on a mis dans la gâche une suffisante quantité d'eau, on sème le plâtre sur toute la surface. Comme il doit être très-clair, on est dans l'usage de mettre deux tiers d'eau pour un tiers de plâtre selon la force et la qualité intrinsèque de cette matière. On l'agite pour les faire bouillonner ensemble, et l'on écrase avec le talon de la truelle les gros grains qui pourraient se trouver dans le fond ; après quoi, on le laisse reposer quelques minutes, puis on le remue encore afin de le faire épaissir et de le rendre un peu gras. Dans ce moment, il faut éviter de toucher le fond, afin de ne pas rencontrer le gros plâtre qui pourrait s'y trouver et qui gâterait le poli : quelques coups de truelle, donnés légèrement en dessus, suffisent pour le remuer. Lorsque l'on voit qu'il a acquis une certaine consistance, on le retire et on le place sur un morceau de planche à peu près semblable à une taloche, ou d'autres dimensions pareilles, sur lequel on en forme un pain.

Lorsque cet enduit est bien fait, il peut se conserver long-temps ; mais, comme il est meilleur le premier jour, il serait à propos de n'en faire que pour la consommation de la journée. Il reste au fond de la gâche une couche de gravois que l'on racle promptement et que l'on humecte avec un peu d'eau, pour l'écraser et le rendre plus maniable. Ordinairement, on étend cette partie sur les endroits les plus creux ou les plus bruts ; mais, si l'on a eu la précaution de passer au tamis de soie, il y en a fort peu. Si l'on veut faire différemment, il serait à propos d'avoir deux gâches disponibles, pour que l'on pût, sitôt le plâtre gâché dans l'une, et au moment qu'il s'épaissit, en couler la superficie dans l'autre : le fond, ou gravois, qui reste dans la première, pourrait alors être employé de suite sans durcir dans la gâche.

Ce plâtre ainsi préparé se nomme *poli*, en ce qu'il ne sert qu'à polir. Il n'est pas convenable pour faire des épaisseurs, parce qu'il n'a plus de force. Cependant on l'emploie pour les plafonds qui doivent être enduits à sec ; mais ces sortes de plafonds sont bien dressés et disposés de manière qu'il ne faille au plus qu'une ligne pour les unir. Toutefois, on a la précaution de former cette épaisseur à plusieurs reprises ; c'est le moyen d'éviter les gerçures. Il est bien entendu que ces plafonds doivent être bien secs, avant d'appliquer cet enduit.

Des enduits faits à sec.

Les enduits à sec se font ordinairement sur des plafonds bien dégrossis en plâtre, ou sur des murs bien redressés, par la ressource que procure le plâtre sec de reprendre l'humidité qu'il a perdue en séchant ; ce qui lui permet d'attirer celle qui se trouve dans l'enduit à polir indiqué ci-dessus. Cette opération se fait sur des parties bien préparées, et où il ne se trouve aucun redressement à faire. Le moyen dont on se sert consiste à étendre trois ou quatre largeurs de truelle, que l'on repasse deux ou trois fois pour cacher les nuances des premières couches et former une épaisseur d'une ligne au plus. Il y aura toujours assez d'épaisseur, si l'enduit a acquis la blancheur désirable. Après, on repasse à sec la même truelle bien également sur cet endroit pour obtenir un lissage convenable.

Si l'on veut donner du luisant à cet enduit, il faut gâcher le plâtre avec de l'eau de savon. Cette préparation fait luire l'enduit comme un marbre poli. La manière de mélanger le savon dans l'eau est facile ; on le racle ou on le coupe bien mince, quelque temps avant de s'en servir ; et, une fois qu'il est un peu trempé, on agite l'eau avec un petit balai pour bien mélanger : après ces préparatifs on peut gâcher. Deux onces de savon pour dix litres d'eau sont la dose convenable.

Des plafonds dégrossis avec le blanc-en-bourre,
ou matifat.

Avant de parler de ce dégrossissage, je crois utile de bien définir les deux spécialités de ces matières. L'on nomme *blanc-en-bourre*, le mélange fait en chaux et en bourre ; la chaux et la terre mélangées à la bourre composent la matière que l'on nomme *matifat*.

Ce troisième genre de plafond est bien usité dans les contrées de l'ouest de la France, en raison qu'il ne s'y trouve pas de carrières à plâtre : ce procédé est très-économique quant au lattis, qui se fait à une largeur un peu plus grande, c'est-à-dire cinq à six lignes de distance de l'une à l'autre latte.

La composition ainsi nommée se fait comme il suit : on emploie de la terre grasse argileuse, d'une nature pareille à celle qui sert à fabriquer les briques, mais un peu plus maigre, ce qui oblige quelquefois de la mélanger avec du sable. Ce dernier corps empêche le matifat de se gercer, surtout dans les temps secs ; en hiver cependant on peut tenir cet apprêt plus gras, vu qu'il est alors moins susceptible de se fendre, n'étant pas altéré par une grande sécheresse.

La terre, étant choisie, doit être transportée sur le lieu où elle doit être employée. On la détrempe en l'arrosant ; puis on établit, dans le milieu de ce massif de terre, un bassin pour recevoir l'eau nécessaire à la délayer. A ce moment, on a du poil de bœuf, autrement dit *bourre de bourrelier*, que l'on sème sur toute la surface de l'eau, en la frappant pour la faire humecter. Ensuite, on prend de la chaux vive et, autant que possible, en pierres, que l'on jette dans la mêlée pour la faire éteindre, en remuant pour que le mélange se fasse exactement.

Cette composition ainsi préparée sert à enduire des pièces de bois hachées, des murs, des plafonds, etc., et possède une élasticité telle, que c'est le seul moyen de faire des plafonds qui ne se fendent pas, à moins que la charpente n'éprouve de grandes secousses. On peut encore se servir de la bourre de tondeur, et cette laine, qui n'a que quelques lignes de longueur, donne par sa finesse un enduit des plus fins et des plus solides, surtout sur les pièces de bois, que l'on a soin de hacher auparavant.

Je viens de démontrer ce qu'il faut faire pour obtenir des enduits de blanc en bourre pour la dernière couche, en expliquant ce qu'il faut faire à cette occasion. Mais revenons à notre bassin où nous avons vu la chaux s'éteindre et se mêler à la bourre.

On mêle cette chaux ou blanc en bourre avec la terre qui forme le bassin ; toutes ces matières réunies, on les relève en un tas ; on en reprend des parties d'environ un pied cube que l'on boule, comme on fait pour le mortier, en y ajoutant quelques poignées de bourre, si la première quantité n'est pas jugée suffisante. Quand on juge le mélange bien fait, et qu'il n'y a plus de mottes de terre, on relève cette partie, puis on en prend une autre. Ordinairement les manœuvres sont chargés de ce travail.

La composition de ce mélange est habituellement de cinq parties de terre pour une de chaux mélangée de la manière que j'ai expliqué ci-dessus. Un pied cube de cette matière nécessite une livre de bourre, même plus : cette quantité, bien mêlée, tend à consolider les plafonds. Un pied cube peut dégrossir une étendue de plafond de vingt à vingt-cinq pieds superficiels, ce qui correspond à deux tiers de toise d'ouvrage, de manière qu'il faut compter sur un pied cube, plus la moitié, pour dégrossir une toise carrée ou quatre mètres superficiels. Je dis un pied cube et la moitié, par la raison que si je disais un pied et demi cube, ce serait trois cent vingt-quatre pouces cubes, et qu'il n'en faut que deux cent seize pour un pied cube et sa moitié. Je n'ai fait cette observation que pour établir cette différence.

De l'emploi de cette matière pour les plafonds.

Les explications que je viens de donner n'indiquent pas le moyen d'employer cette terre nommée *matifat*. Elle doit avoir une consistance assez facile pour pouvoir être étendue à la taloche ; trop liquide ou trop serrée, elle ne saurait être applicable à ce genre de travail, quoiqu'il y ait des pays où elle est employée sans la jeter, avec le dessous de la truelle, et en tenant le poignet renversé. Ce mode fait de l'ouvrage plus solide que par la taloche, mais il est moins expéditif. De cette manière un ouvrier peut en passer en première couche de six à sept toises, et à l'aide de la taloche on peut en établir jusqu'à dix toises, suivant les localités. Cette manière de dégrossir se fait en deux fois : par la première couche, on recouvre les lattes ; deux ou trois jours après, on repasse une deuxième couche un peu plus maigre et dans laquelle il y a moins de bourre. Cette dernière doit être plus liquide que la première, afin de pouvoir plus facilement être étendue à la taloche.

Après quoi, on passe un balai ou une poignée de paille pour le rendre plus brut et le disposer à recevoir l'enduit qui peut être fait avec le blanc-en-bourre dont j'ai parlé au commencement. Cette opération doit se faire avant que la couche n'ait atteint son degré de sécheresse ; cela tend à procurer une liaison de l'un à l'autre, ce que l'on ne pourrait obtenir si elle était totalement sèche : six à huit jours d'intervalle après la dernière couche sont bien suffisans.

Ce blanc-en-bourre, qui résiste à peu de

chose près comme le plâtre lorsqu'il est bien sec, se blanchît à la chaux ou au blanc de colle. Le prix de la fourniture des matières nécessaires au dégrossissage que je viens d'expliquer, est ordinairement d'un franc par toise et environ cinquante centimes pour l'enduit, ce qui fait un franc cinquante centimes pour la fourniture d'une toise de blanc-en-bourre ou matifat.

L'on fait de ces plafonds lattés à la distance d'un pouce, dont la terre est mélangée avec du foin haché et une très-petite quantité de chaux. Ce genre de plafonner donne le double d'épaisseur que ceux décrits plus haut; mais ils n'est en usage que pour les greniers ou les mansardes.

Précautions à prendre pour faire de bons ouvrages sur un dégrossissage en matifat.

Pour bien enduire avec le plâtre sur le matifat, il faut que le dégrosssisage soit bien sec, et ce genre de travail présente un inconvénient assez grave, parce qu'il exige un temps considérable, car si l'on voulait le faire sécher trop vite, on lui ferait perdre de sa qualité, en ce que la chaux et la terre demandent une lente dessiccation. Dans les chaleurs de l'été, il est même de toute nécessité de tenir fermés les appartemens dans lesquels le dégrossissage est terminé, parce que le grand air et la sécheresse de la température feraient fendre et détérioreraient la qualité du matifat. Cependant cette absence de l'air sec n'est de rigueur que pour les trois ou quatre premiers jours. Après ce temps, on peut ouvrir sans craindre pour accélérer la sécheresse, toutefois, si on le juge convenable, et que la qualité de la terre et de toute la composition permette d'en user ainsi.

Quinze jours en été suffisent à peu près pour amener la dessiccation du matifat et le préparer à recevoir l'enduit de plâtre; cependant, l'ouvrier doit encore préalablement s'en assurer : plusieurs moyens sont à sa disposition pour constater l'état de sécheresse de la matière. Le premier est dans la couleur, attendu qu'une teinte claire et blanchâtre a dû remplacer la teinte sombre que donnait l'humidité au massif. Mais comme il peut arriver, même souvent, que la chaleur de l'atmosphère, le grand air, ou toute autre cause, aient fait seulement blanchir la surface, sans que pour cela le dessous soit sec, il faut introduire dans l'épaisseur un outil, afin d'en détacher une parcelle provenant de la partie intérieure du massif et prise dans les endroits soupçonnés les plus longs à sécher ; alors on réduit entre les doigts cette parcelle en poudre. Si cette épreuve suffit et donne une poussière bien sèche dans toutes les parties, on peut procéder à l'application du plâtre. Mais je ne puis m'empêcher de dire que plus on aura attendu, plus l'ouvrage aura atteint le degré de beauté et de perfection désirable.

L'hiver offre d'autres inconvéniens, en ce qu'il faut plus du double de temps pour le faire sécher convenablement : en outre, cette matière craint la gelée, surtout les premiers jours de son emploi ; et, pour obvier à cette difficulté, il serait à propos, chaque fois que l'on établira de semblables massifs, de tenir bien clos les appartemens, et même d'accélérer la sécheresse par le moyen d'un poële que l'on y établirait pour deux ou trois jours seulement, et jusqu'à ce que la matière ait perdu le quart de l'eau qu'elle peut contenir. En usant de cette précaution, on obtiendra des plafonds aussi solides, aussi durables, et qui seront moins susceptibles de se fendre que ceux tout en plâtre.

L'espace de temps que je viens d'indiquer pour fixer la sécheresse des massifs, n'est de rigueur que pour l'application de l'enduit en plâtre, car, pour les enduits qui peuvent être faits souvent avec le blanc-en-bourre, ils s'appliquent trois ou quatre jours après la confection du dégrossissage.

Des enduits en plâtre sur une couche de terre, ou matifat.

On enduit en plâtre aussi facilement, pour ne pas dire plus, sur ces massifs que sur tous autres, faits avec des matières supérieures. Cette composition a l'avantage de donner au plâtre une souplesse qui facilite son enduit, en absorbant l'eau que contient la couche qui est dessus et lui donne une consistance qui permet d'étendre le poli.

Pour enduire ces massifs, on peut employer les procédés que j'ai indiqués ci-dessus, page 166 et suivantes.

Les plâtres qui conviennent le mieux à ce genre de travail sont ceux qui ont de vingt à trente jours après leur cuisson, ou ceux cuits à un bon degré de chaleur. On doit, dans la confection de ces enduits, gâcher le plâtre à une bonne force, afin d'éviter les inconvénients qui pourraient résulter s'il lui fallait trop de temps pour sécher. Ordinairement on met autant de plâtre que d'eau; mais ceci est subordonné à la qualité de la matière et à l'expérience de l'ouvrier qui l'emploie. Pour utiliment l'appliquer, il faut se garder de le laisser prendre entièrement, et c'est au moment où l'on s'aperçoit qu'il commence à épaissir que l'on doit l'étendre soit à la truelle, soit à la taloche, et ce, le plus promptement possible. Il est bien entendu que, pour faire de beaux plafonds, on doive faire choix des premières qualités de plâtre et employer le plus blanc.

Une fois ces enduits appliqués, on doit les faire sécher le plus promptement possible, en usant d'une précaution tout-à-fait différente que pour le matifat, qui demande beaucoup de temps pour être sec, et avoir le soin d'ouvrir toutes les issues, quelque temps qu'il fasse, même par la pluie, attendu que l'air seul contribue à sécher le plâtre.

Mais il est rare que dans les temps pluvieux, ou dans les saisons humides, l'on puisse obtenir de beaux enduits, en raison de ce que l'humidité excite le plâtre à se détériorer; et il serait mieux, toutes les fois que l'on désirera avoir de beaux ouvrages dans ces saisons, de passer une première couche de plâtre que l'on laisserait bien sécher, et sur laquelle on appliquerait un enduit de plâtre fin : par ce moyen, on évitera de grands désagrémens.

Des enduits de couleur.

On peut faire avec le plâtre des enduits de toutes couleurs. De plus, cette matière offre l'avantage, lorsqu'elle est bien fine, de pouvoir se découper afin de recevoir les couleurs que l'on voudrait y placer pour figurer des filets. J'ai vu de ces sortes d'ouvrages qui imitaient la marqueterie et qui produisaient un très-bon effet. Mais, le plus généralement, ce sont des enduits d'une couleur unie que l'on applique, et principalement en jaune. Pour obtenir cette couleur, on emploie de l'ocre en poudre, que l'on mêle avec le plâtre dans la proportion plus ou moins grande de la teinte que l'on veut donner à l'enduit. Quand ce mélange en poudre est bien fait, on passe la truelle dessus comme pour enduire, et, après qu'on l'a lissé, on juge de l'effet que pourra faire le plâtre lorsqu'il sera employé et qu'il sera sec; car, en le gâchant, le mélange a une nuance toute autre que lorsqu'il est sec. Ainsi, chaque fois que l'on voudra raccorder ou imiter une teinte, l'ouvrier devra chercher les couleurs qui doivent la composer, et, lorsqu'il les aura trouvées, il comparera, en mélangeant et en s'assurant si la couleur est exactement pareille, le moyen le plus facile à employer est de prendre une petite quantité du mélange, de la placer à côté de la partie que l'on doit raccorder, puis on laisse sécher; si le mélange, étant sec, donne une nuance égale, on peut procéder à l'enduit. Pour enduire en jaune, on met ordinairement quatre et cinq livres d'ocre pour vingt-cinq livres de plâtre, ce qui est à la proportion de seize à vingt pour cent. Cela varie suivant la nuance que l'on veut obtenir.

Quel que soit le genre d'enduit en couleur, il est toujours bien à propos de dégrossir et de dresser correctement les parties que l'on veut enduire, pour éviter d'employer une trop grande quantité de couleur; on risquerait en outre de mal réussir, en ce que les parties qui auraient de l'épaisseur, seraient longues à sécher et formeraient des nuances différentes, dont on s'apercevrait long-temps. On doit éviter de se servir du poli, parce que cela produit un bien mauvais effet, en ce que la couleur et cette espèce de plâtre se mélangent difficilement et que l'on ne peut remuer le tout sans altérer le poli. C'est une des causes qu'il est ou trop ou pas assez coloré, et que l'on ne peut obtenir une teinte égale en enduisant : et comme cet enduit ne couvre pas également toutes les parties, celles qui se trouvent avoir trop d'épaisseur font des nuances très-désagréables : en sorte qu'il est mieux d'employer du plâtre très-fin. C'est un moyen d'enduire proprement.

Lorsque les murs, bien dressés et dégrossis en plâtre, sont bien secs, on enduit en couleur, en gâchant le plâtre ainsi que je l'ai indiqué; on a le soin, en étendant ce mélange, de tirer en droite ligne les coups de truelle, et non en tournant. Cette précaution, qui ne coûte qu'un peu plus de temps, embellit le travail; l'ocre, ainsi mélangé, facilite le lissage et rend faciles ces sortes d'enduits.

On prépare toutes les couleurs de la manière que j'ai indiquée ci-dessus; ainsi les nuances rouges, vertes, bleues et brunes s'obtiennent par le même procédé, en ayant la précaution de tenir les couleurs bien sèches et de bien tamiser le plâtre, qui ne les altère jamais en rien, à moins qu'il ne contienne des parties de chaux.

Moyen de réparer les ouvrages en plâtre.

Quoique le plâtre soit bien fait, que l'on prenne beaucoup de soin dans son emploi, il n'en est pas moins fragile et se casse promptement; mais il a l'avantage de pouvoir être réparé de même et sans que l'on puisse reconnaître les endroits où était la dégradation lorsque cette réparation est bien faite. Le moyen de réparer avec avantage est facile; il faut éviter de dépasser l'ancien enduit et boucher les trous ou fentes sans surcharger les épaisseurs. Mais les plafonds présentent plus de difficultés et demandent une plus grande précaution, surtout pour les parties fendues.

Lors donc que l'on fait des réparations de cette nature, il faut ouvrir ces fentes en queues d'aronde, afin que le plâtre ne puisse pas descendre. Une fois les ouvertures bien établies, on y introduit du bon plâtre avec le soin de bien l'enfermer, et ainsi de suite on bouche toutes les fentes ou autres réparations à faire. Il faut aussi examiner s'il n'y a pas quelque partie qui menace de tomber. Tout ce qui ne tient pas solidement doit être renouvelé, de même que les lattes si elles ne valent plus rien. Quand on a réparé de vieux plafonds, les nuances ne sont plus les mêmes, à moins que l'on n'ait pris des mesures pour cela; autrement, il faut les renduire à neuf par une légère couche de plâtre, ou bien les blanchir à la colle et au pinceau.

Mais si l'on ne veut pas faire ces dépenses, il faut apprêter son plâtre de la même couleur. Pour des plafonds établis en plâtre blanc, et auxquels leur ancienneté a fait perdre cette teinte, on peut tamiser de la cendre de bois bien sèche et éviter les charbons qui pourraient s'y trouver ; puis on en mêle au plâtre avec précaution et en tâchant d'approcher de la nuance que peut avoir le plafond; et pour cela faire, on en prend une petite partie sur laquelle on passe la truelle et que l'on lisse. Lorsque l'on jugera que ce mélange a obtenu la nuance du vieux plâtre, on pourra le gâcher et l'employer : en séchant, il atteindra le même degré de nuance qu'il avait avant d'être gâché. En évitant de dépasser l'ancien enduit, on arrivera à faire des réparations à peu près invisibles.

Moyen de rendre les vieux plafonds aussi beaux que des neufs.

On peut réparer les vieux plafonds et il est facile de les remettre à neuf. Lorsque l'on veut faire ce travail, il faut s'assurer s'ils sont noircis par la fumée des cheminées ou par celle des lumières. Dans le premier cas, ils sont plus difficiles à blanchir; mais s'ils doivent être enduits en plâtre, il faut avoir la précaution de les racler, ce que l'on fait facilement en les mouillant : le plâtre ainsi humecté s'attendrit et peut se racler ; mais le plus sûr moyen est de faire tomber la couche d'enduit, pour en appliquer une de plâtre fin, ainsi que cela se pratique pour les plafonds neufs.

Quand ils sont noircis par la fumée, il faut bien les nettoyer, en passant la brosse dans toute leur étendue, et si l'on veut les blanchir sans y appliquer d'enduit, on les encolle; mais avant d'encoller, il est à propos de passer sur la surface une couche de chaux qui décompose cette couleur désagréable et que l'on laisse séjourner pendant quelques jours. Après quoi, l'on passe la brosse pour faire tomber cette chaux, puis on applique une bonne couche de colle claire ou de lait; ce dernier fait un bon encollage.

Le plâtre une fois bien encollé ne pompe plus l'eau, et cela donne l'avantage de pouvoir appliquer une couche de blanc. Cette couleur se compose avec du blanc d'Espagne ou de Bougival, que l'on détrempe dans de l'eau et que l'on mêle avec de la colle claire; cette dernière en fait toute la solidité. Quand cette couche est bien sèche (ce qui est l'affaire de vingt-quatre heures), on repasse une dernière couche de blanc, dans laquelle il y a moins de colle, attendu que cette colle donnerait une teinte rousse, ce qu'il faut éviter pour les dernières couches des plafonds.

Mais il ne peut en être ainsi pour les murs

qui sont dans le passage, et par cela même exposés au frottement. Il faut continuer de mélanger
la colle en aussi grande quantité, car c'est ce
qui en assure la solidité.

Il y a un autre moyen de blanchir les plafonds, lorsqu'ils ne sont pas noircis par la fumée du feu et quand les lumières ou la vétusté en sont la cause. Dans ce cas, cette
noirceur volante s'enlève en brossant bien le
plafond ; après quoi, l'on étend, sans former
aucune épaisseur, une couche de blanc simplement délayé dans l'eau et claire comme du lait.
Une ou deux couches de ce genre suffisent pour
rendre le plafond d'une très-grande blancheur.
Ce blanc, n'ayant aucun mordant, donne la
facilité de pouvoir recommencer l'opération
toutes les fois qu'elle peut être nécessaire. Mais
une fois que le plafond est encollé, la brosse
ne peut plus aussi facilement le dépouiller des
teintes noires qui se sont imprégnées à la colle.
Les pinceaux les plus commodes pour bien
étendre le blanc sont ceux faits en queue de
morue et qui ont trois à quatre pouces de largeur.

Des plafonds que l'on fait dans le nord de la France.

Nous avons vu qu'il y avait, en France, plusieurs manières de plafonner. Dans le Nord, et

surtout du côté de Metz et de Nancy, et dans les départemens du Nord et du Pas-de-Calais, on fait usage d'un autre moyen. Dans ces contrées, on commence, pour établir des plafonds, par recouvrir les solives avec des planches : une fois que le plancher en est garni, on applique en travers des lattes très-minces et qui n'ont qu'une ligne d'épaisseur. Après, on dégrossit avec du plâtre gris, pour première couche, sur laquelle s'applique un enduit de plâtre blanc, comme l'on fait partout. Mais cette manière d'employer des planches pour latter ensuite dessus ne saurait convenir et ne peut être adoptée, par la raison que ces planches sont inutiles et très-coûteuses, et que des lattes aussi minces ne présentent pas au plâtre des bords suffisans pour le maintenir suspendu. Il est bien plus avantageux d'employer des lattes de quatre à cinq lignes, ainsi que je l'ai expliqué, page 142 ; on y trouvera économie, célérité et solidité. Je suis même étonné que ce moyen soit encore en usage.

Des voûtes en poterie.

Depuis quelques années, on fait, à Paris, des voûtes en poterie. Ce sont des espèces de pots creux faits par les potiers de terre. On place ces pots les uns à côté des autres sur toute la surface de l'appartement qui doit être plafonné, et où ils sont maintenus par des ferremens légers, bien que le tout repose sur un plancher fait exprès. Ces dispositions faites, on coule du plâtre pour remplir ces pots et pour faire les joints; on parvient par ce procédé à faire bien promptement des voûtes, sans employer de briques. Cet usage est particulier à Paris, où les ouvriers ne connaissent pas le moyen de voûter en briques, tel que je l'ai expliqué page 125. Ces voûtes sont une garantie contre l'incendie.

Observation sur la quadrature.

On entend par *quadrature* toutes espèces de corniches, moulures, pilastres, panneaux, etc.; et ce mot est approprié à toutes ces sortes d'ouvrage, quelles qu'en soient la forme et l'épaisseur; on en fait partout, plus cependant dans certaines contrées que dans d'autres. Paris, Bordeaux, Nantes, Toulouse, Marseille et bien d'autres villes en font un grand cas. C'est effectivement un beau travail, qui demande bien du raisonnement et beaucoup de pratique, qui, dans ce genre comme dans tout autre, est une partie de la science; car on conçoit l'avantage qu'un ouvrier habituellement occupé à ce travail doit avoir sur celui qui ne le fait que rarement.

Dans tous les départemens que j'ai parcourus, j'ai vu faire des corniches, et partout on employait le même procédé. Il faut en excepter Paris, où l'usage est différent. Dans cette ville, toutes les quadratures, quelle qu'en puisse être la grosseur, se font en plâtre massif, que l'on consolide avec des ferremens que l'on nomme *appointis* ou *T*, et que l'on enfonce de droite et de gauche dans le bois ou tout autre corps destiné à recevoir l'ornement. Ce moyen ne laisse pas que d'être coûteux pour faire ces ouvrages, dont la grosseur est énorme et qui ne durent pas plus que ceux faits à la légère. En outre, on emploie le plâtre toujours d'une bonne force, ce qui oblige d'user de calibres de fer ou ferrés. Cet outil facilite à bien couper le plâtre ; sans cela, je doute qu'on puisse y parvenir.

Les ouvriers de cette ville ont l'habitude de pousser la corniche, l'encadrement du plafond, la frise et l'architrave tout à la fois, ce qui nécessite souvent un développement de deux pieds. J'ai pourtant vu un seul ouvrier faire toutes ces parties sur du plâtre gâché fort ; ce n'était pas sans peine, mais il en venait à bout : je ne crois pas qu'il eût pu réussir sans le secours d'un calibre ferré. Ce fer, qui fait riflard, coupe facilement ; et ensuite on ne retient pas le plâtre qui tombe sur les deux mains conduisant le calibre. Les ouvrages, à Paris, sont toujours bien de niveau et d'aplomb : on y est strict sur ce point. Les règles, les sabots à pousser, sont placés à peu près comme partout. Pour profiler, on se sert des petits outils et du guillaume, comme je l'ai indiqué, excepté que l'on n'emploie pas de petites truelles, que le plâtre est gâché fort et qu'il faut nécessairement des ciseaux pour le découper.

Manière de faire les calibres.

Revenons au principe suivi par les plâtriers, pour lesquels j'écris cet ouvrage. Leurs calibres ne sont pas ferrés, soit en raison de la dépense, soit que les ouvriers sachent bien conditionner le plâtre et découper leurs calibres comme il convient. Cette habitude de ne pas employer de fer pour les calibres présente une grande économie et un avantage réel.

Les calibres à faire les moulures sont ordinairement en bois de noyer, beau, sans nœuds, et autant que possible d'une seule pièce et d'une épaisseur convenable, selon la grandeur que l'on veut leur donner. Car plus ils sont grands, plus ils sont sujets à plier; et, dans ce dernier cas, on ne peut achever la moulure; il faut donc leur donner une bonne force.

Pour bien découper un calibre, il faut préalablement tracer sur du papier le dessin que
l'on veut lui donner. Ce dessin une fois adopté,
on l'applique sur le morceau de planche destiné
à faire le calibre, en le fixant avec quelques
pointes. Ensuite, avec une aiguille à pointiller,
ou pointe, on passe sur tous les contours du
dessin : ce tracé transmet exactement sur le
bois le dessin du papier et laisse voir ce qu'il
faut en évider. On place le calibre dans un
étau, puis avec une scie à chantourner, ou une
autre, on enlève à une ligne près tout ce qui
est inutile, puis avec des râpes de différentes
formes on ajuste les points désignés : le tout
doit être fait carrément.

Mais une fois que le calibre est ainsi apprêté,
il faut en chanfreiner un côté pour le rendre
plus tranchant, et ce côté est toujours celui
que l'on présente à l'ouvrage au moment où
l'on pousse ; car différemment le calibre bour-
rerait, et on aurait une peine double, souvent
même on ne réussirait pas sans cela : on voit
donc qu'il est indispensable de donner au calibre ce chanfrein ou biseau, et on l'obtiendra
en réduisant à trois ou quatre lignes d'épaisseur, en donnant un délardement à ce chanfrein
qui le fasse approcher de la ressemblance du fer
que l'on emploie à Paris. Une fois ces calibres

bien disposés, on les lisse avec des limes douces, afin d'unir la surface et de donner un dégagement dans les angles et vives arêtes.

Ces ouvrages de patience se font ordinairement dans la morte saison. On se sert aussi pour découper les calibres d'un couteau à plusieurs lames, dans lequel se trouvent de petites scies et une emmanchure pour recevoir les limes. Ces couteaux présentent une grande utilité, lorsqu'ils sont bons et qu'ils coupent bien, et permettent d'établir des calibres dans quelque lieu que ce soit. En établissant les calibres, il ne faut pas les faire justes à la hauteur des moulures; on doit ménager aux deux extrémités des distances pour éloigner les reprises, ce qui donne en outre la facilité de bien pousser.

Des calibres trop compliqués ne sont ni beaux ni avantageux : il est même mieux de les faire simples, en y mélangeant quelques moulures bien légères et bien détachées pour espacer les grandes : on peut en varier la forme; mais le tout est de bien les employer pour qu'ils puissent plaire aux amateurs.

Des sabots.

On se sert, pour pousser les grosses moulures ou corniches, d'un appareil nommé *sabot*. Ce sabot est représenté planche VI, figure 35 et suivantes. Le n° 1 donne le sabot prêt à recevoir le calibre ; le n° 2 est le dessous du sabot avec sa rainure. On fixe le calibre au sabot par un coin (n° 4). Cette rainure porte dix lignes de largeur sur autant de profondeur ; mais cette mesure varie selon les épaisseurs des règles. Ainsi disposée, cette rainure s'enclave dans la règle du bas, en en suivant exactement la direction. On fixe le calibre au sabot par le moyen d'un coin (n° 4).

Le n° 36, même planche, présente le calibre et le sabot mus par la main de l'ouvrier. La figure 37 en représente le côté opposé ; la figure 38 donne le calibre coulant entre les deux règles, c'est-à-dire celle fixée au plafond et l'autre adaptée au mur. La figure 39 représente un autre calibre dont le but est d'éviter les masses dans les forts entablemens. Ce contre-calibre (n° 2) se fixe dans sa partie basse en entaillant si c'est une partie de plâtre ou de pierre ; dans le cas où il devrait être apposé sur une partie boisée, on le fixe par quelques pointes ou clous : on suit le même mode pour sa partie supérieure ; le plus ordinairement, cependant, on doit le clouer aux solives en en raisonnant les distances. Il faut aussi ménager entre le calibre et le contre-calibre un intervalle combiné sur les lattes et l'épaisseur des charges à faire, si toutefois il fallait découper des membres. Sur ce contre-calibre, on doit latter comme je l'ai prescrit pour les plafonds. L'épaisseur et la force des sabots doivent être proportionnées à la dimension des calibres, sans qu'il soit besoin de rien préciser à cet égard.

Pose des règles.

Le point essentiel est de bien placer les règles, dont la pose est aussi difficile que de pousser le calibre ; la réussite de ces sortes d'ouvrage en dépend, surtout pour les corniches. Cette partie exige que les règles soient bien ajustées ; mais en général elles doivent être placées de niveau, carrément et d'aplomb, à moins qu'il n'y ait impossibilité. Toutes ces précautions doivent être raisonnées et réfléchies ; car des quadratures qui ne s'accordent pas font un effet désagréable, et l'œil du public a bientôt saisi ce défaut, qui fait perdre tout le mérite aux autres parties d'ailleurs fort bien faites.

Pour bien placer les règles à faire des corniches, il faut en avoir de longueur convenable, qui soient droites et d'une certaine souplesse. On commence par placer la règle du bas, qui est celle adossée au mur et qui doit supporter le sabot dans lequel est enclavé le calibre. De préférence, on choisit le côté du plafond reconnu le plus bas; cette précaution procure l'avantage de pouvoir facilement raccorder les angles. Comme il peut arriver qu'en essayant un nouveau calibre on ne soit pas préparé à l'effet qu'il peut produire, on choisira la partie la plus obscure de l'appartement, afin de rectifier dans les parties suivantes ce qui aurait pu échapper la première fois.

Après s'être assuré de la hauteur du calibre et de son sabot, on pose la règle à une distance de quelques lignes en-dessous de cette hauteur, afin de donner au calibre le jeu nécessaire et d'éviter la rencontre des lattes du plafond. La règle doit suivre la longueur de l'appartement quelle qu'elle soit, eût-elle même trente pieds, et se fixe au moyen de clous ou de vis, mais principalement par la présence de tasseaux en briques ou en plâtre gâché fort. Dans les grandes longueurs, il faut mettre tout le soin possible à ce que les règles rapportées soient bien de niveau et d'accord et à ce qu'elles soient exactement rapprochées les unes des autres, pour éviter le mouvement de ressaut qu'en ressentirait le calibre.

La règle du bas étant établie, on procède à la pose de celle du haut. A cet effet, on calcule

la longueur des saillies que produit le calibre,
que l'on présente d'aplomb et qui donne les
moulures d'équerre. Cette distance donnée, on
se porte à chaque côté des angles et l'on fait
battre un cordeau qui établit une ligne pour
régler cette distance sur toute la longueur, ou,
si l'on veut, tout autour de l'appartement.
Après, l'on voit où doit venir aboutir la règle,
qui est supportée par des lattes ou liteaux que
l'on cloue au plafond et qui sont de quatre en
quatre pieds sur toute la ligne. Ensuite, on
place ces règles entre ces liteaux, qui permettent
de poser et avancer à l'alignement voulu ; ces
derniers sont maintenus au milieu par des
clous qui leur impriment un mouvement de
ressort : ces règles ont, comme je l'ai déjà dit,
six à huit lignes d'épaisseur et sont plus ou
moins larges.

La règle, ainsi placée, est supportée par les
tasseaux ; on établit le calibre entre les deux
règles pour s'assurer de la liberté du passage
et voir s'il pourra circuler librement dans l'intervalle d'un bout à l'autre ; et, s'il arrive assez
près des fins pour éviter de longs retours, et si
les règles sont bien également approchées, on
les fixe. Si celles du haut sont trop longues, on
peut les croiser l'une sur l'autre ; mais il n'en
peut être ainsi de celles du bas, qui doivent se

joindre bien également et présenter une épaisseur uniforme; cette épaisseur est ordinairement de dix lignes à un pouce, mais cette dimension est proportionnée aux circonstances ou à la grosseur des corniches.

Tout étant ainsi disposé et bien ajusté, l'on n'a plus qu'à pousser. Mais, avant de gâcher, il faut se convaincre de la force de la corniche, afin d'éviter de faire un massif de plâtre qui ne pourrait que surcharger l'ouvrage. Il est plus avantageux d'éviter ce désagrément; et, pour cela, il y a plusieurs moyens dont je vais donner le détail.

Moyen d'éviter les massifs dans la confection des corniches.

Premièrement, si c'est une corniche de quatre à six pouces, on pourra la dégrossir avec du mortier bâtard ou avec du plâtre gris et des petites briques, ou avec des lattes attachées les unes sur les autres, que l'on recouvrira ensuite de bon plâtre; cela suffit pour les sceller. Une corniche de cette dimension est assez solide avec un pouce de plâtre.

Deuxièmement, pour une corniche de huit à dix pouces, on évite le massif en mettant des briques en long ou en large, suivant la distance qui les sépare du plafond, ou selon le dessin qu'exigent les saillies des corniches, qu'on scelle avec du plâtre. On doit éviter d'employer des briques mouillées, en ce qu'elles ne peuvent ni tirer ni renforcer le plâtre ; les briques sèches ont cet avantage. En outre, on peut se servir de grilles en lattes que l'on établit au moyen de trois à quatre petites traverses, qui pourraient avoir six à sept pouces de long, pour une corniche de cette dimension, et sur lesquelles s'attachent quatre à cinq lattes, suivant la largeur demandée par la saillie de cette corniche. On les fixe dans les angles par quelques pointes; et en mettant du bon plâtre en haut et en bas, on les scelle solidement. On fait usage de ce procédé pour les corniches volantes comme pour toutes les autres, et on obtient une grande solidité en gâchant, pour la première couche, du bon plâtre mêlé avec de la bourre de bourrelier.

Troisièmement, pour les corniches d'un pied et au-dessus, il est à propos d'établir des contre-calibres, approchant de la forme de la corniche, à un pouce et demi ou deux du calibre, et que l'on couvre de lattes bien droites et étroites. Pour assurer la solidité de cet ouvrage, l'essentiel est que ces contre-calibres soient fixés bien solidement. Ces corniches, et celles jus-qu'à la dimension de vingt pouces d'équerre, peuvent se faire d'une seule fois par un ouvrier qui connaît bien son état; mais lorsqu'elles dépassent cette grosseur, il est plus raisonnable de le faire en deux ou trois fois, selon la commodité des dessins.

Pour faire ces grandes corniches, qui sont réellement des entablemens, et surtout pour les parties extérieures, il ne faut pas oublier le mélange de chaux, en ce que cela donne la facilité de gâcher moins fort et qu'en outre la chaux donne au plâtre autant de solidité que s'il avait le double de force. Dans les endroits où le plâtre est cher, on peut dégrossir en mortier bâtard, et, pour l'intérieur seulement, on pourra avantageusement employer le matifat. (Voyez à l'article *Matifat*, page 166 et suiv.). Ce dégrossissage à demi sec suffit pour que l'on puisse pousser les corniches, si toutefois l'on n'a pas à craindre la gelée.

Quand l'on pousse des corniches dans lesquelles on doit découper des ornemens, tels que denticules, oves, rez-de-cœur, etc., il faut ménager une épaisseur de plâtre convenable. Ces observations restent à la charge de l'ouvrier, qui doit établir son travail en conséquence.

Moyen de pousser les corniches.

Lorsque l'on a établi les règles et fait les massifs, l'ouvrier juge de la quantité de plâtre qu'il doit employer, afin de ne pas trop en gâcher et d'éviter de le laisser totalement durcir ou d'en perdre. Les premières couches se gâchent en bon plâtre, dont on peut diminuer la force à mesure que l'ouvrage se finit. Si les corniches sont pour être peintes, il n'y a pas d'inconvénient à employer le mélange de chaux; mais si elles doivent rester blanches, on peut l'éviter. Après avoir ainsi gâché, et le plâtre étant un peu pris à une épaisseur pâteuse et liquide, l'ouvrier se dispose à le jeter ou à l'appliquer entre les règles, en observant de ne pas faire de trop fortes épaisseurs, quoiqu'il faille atteindre promptement celle exigée par le dessin de la corniche. Cette épaisseur doit être suivie dans toute la longueur par une quantité plus ou moins grande de gâchées : si les parties sont larges, il faut être à plusieurs ouvriers bien expérimentés, dont l'un ne s'occupe que de la menée du calibre; l'autre est employé à maintenir le plâtre en avant du calibre, suivant les charges et épaisseurs; le troisième peut s'occuper des gâchées et du soin des fournitures, qu'il doit diriger avec promptitude et adresse.

Chaque fois que l'on applique du plâtre, on doit passer plusieurs fois le calibre et mouiller les règles qui le maintiennent en direction, afin de conserver, toujours dégagé de tout corps étranger, le chemin qu'il doit parcourir. Au moment que l'on voit les moulures bien formées, on gâche du plâtre bien fin pour obtenir un poli. Ce plâtre doit être un peu clair; et, aussitôt qu'il est pris, on l'étend avec les mains sur toute la surface, puis on repasse le calibre, en se guidant dans la première direction et en appuyant bien le sabot sur et contre la règle. Par ce moyen, on donne un beau poli à l'ouvrage.

Si les membres des corniches doivent être découpés, j'engagerai à n'employer que du plâtre bon et très-fin pour remplir exactement toutes les parties et éviter les creux ou soufflures. Ces défauts, outre qu'ils sont désagréables, présentent une réparation difficultueuse. Ceci terminé, on peut enlever les règles pour les replacer du côté immédiatement suivant, en avançant sur la droite, pour éviter de couvrir l'ouvrage fait des éclaboussures de plâtre, que l'on ne saurait éviter. Mais, avant d'enlever celle du bas, on doit avoir le soin de marquer les extrémités des deux côtés à faire, pour cette première branche, par une pointe qui servira de guide pour le niveau de la partie que l'on se dispose à continuer ; cette pointe se place ordinairement au-dessus de la règle que l'on doit enlever ; et cette dernière se replace en dessous de ladite pointe pour la branche que l'on va commencer : il en est de même pour toutes les parties de l'appartement. Au moyen de cette pointe, on arrivera exactement à la ligne demandée par la justesse des moulures et des raccords, et que l'on nomme retours. Pour éviter qu'une corniche ne soit pas plus large ni plus inclinée qu'une autre, il faut tenir le calibre d'aplomb sur toute la longueur des parties, ou, si l'on ne peut faire ainsi, donner à toutes les branches l'inclinaison de la première.

Manière de faire les profils ou retours des corniches.

Lorsque l'on a poussé deux parties de corniche qui doivent se raccorder ensemble, il reste les angles qui n'ont pu être faits par le calibre, et pour la confection desquels on emploie les mains et les petits outils nécessaires, les petites truelles, le guillaume, etc. Pour faire convenablement un retour, il faut employer du plâtre bien fin, que l'on doit préparer avec soin, en le gâchant modérément ; car il y aurait trop de difficulté pour faire un retour sur du plâtre gâché fort.

Au moment où le plâtre a acquis une consistance à pouvoir se tenir dans la main, on l'applique avec précaution dans les creux du retour, que l'on remplit promptement; on appuie fortement sur le plâtre, afin qu'il soit bien compacte, et pour éviter qu'il ne se forme des vides qui empêcheraient de continuer la moulure commencée : il est donc essentiel de bien garnir de plâtre toutes les parties qui devront être refaites.

On doit enlever les épaisseurs qui auraient pu se former dans ces vides en poussant, par la raison que ce plâtre, plus ou moins dur, ne pourrait sympathiser avec le nouveau que l'on applique : il est donc plus avantageux de le racler, et l'on ne doit pas craindre de donner une épaisseur convenable; il vaut mieux en mettre plus que moins, afin de ne pas être forcé d'appliquer une autre couche, qui n'est jamais à l'avantage du profileur.

Lorsque tous les vides qui doivent former le retour sont remplis de plâtre, comme je viens de l'indiquer, on peut se mettre à profiler; et, pour cela, on détache avec le guillaume le surplus de plâtre qui peut se trouver à droite ou à gauche; et, après que les membres des moulures sont bien dressés par cet outil, on emploie les petits instrumens, à l'aide desquels l'on

donne au profil des contours précisément semblables à ceux qui ont été poussés, en venant
former exactement l'angle ou l'arête de la partie
immédiatement contiguë. A défaut du guillaume ou des petits outils, on peut très-bien
se servir des petites truelles; car souvent on
n'emploie que celles-ci et deux petites règles,
dont les bouts font l'effet du guillaume : on profile ainsi.

Quand le retour ou profil est bien formé, on
s'assure s'il s'accorde bien avec les angles ou
arêtes; on répare les petits défauts qui pourraient s'y trouver, puis on le lisse pour le rendre
semblable à la corniche. Dans plusieurs endroits, les ouvriers repassent un enduit sur
tous les membres, afin de les lisser, ce qui demande beaucoup de temps; mais cette opération
est inutile s'ils sont bien profilés; on peut éviter de s'y astreindre en détrempant dans l'eau
un peu de blanc de Meudon, dont on applique
ensuite une ou deux couches sur le profil avec
un pinceau : ce moyen est facile et expéditif.

On calcule ordinairement par membre, pour
évaluer le temps nécessaire à la confection d'un
profil. Une minute, que l'on suppose pour chaque
membre de la dimension d'un pouce, donnerait
six minutes pour six pouces de longueur. Ainsi
une corniche de six pouces, pouvant avoir six

membres de moulures, demanderait une demi-heure pour chaque côté, environ une heure pour faire le profil indiqué ci-dessus. Ce calcul n'est qu'approximatif, et subit une variation, en raison de la difficulté du dessin, outre qu'il se trouve des ouvriers qui profilent très-habilement, ce que d'autres ne font qu'avec une extrême lenteur.

Quel que soit le genre ou la forme d'une corniche, il y a toujours à raccorder et à finir particulièrement. Ce travail, qui exige beaucoup de goût et de propreté, demande au moins autant de talent que pour bien pousser; et, dans tous ces travaux, c'est le goût et l'intelligence des ouvriers qui peuvent les conduire à la perfection et les rendre habiles.

Des moulures, encadremens et panneaux que l'on peut appliquer aux plafonds ou autres parties.

Outre les corniches que l'on fait autour des plafonds, on pratique sur ces derniers des moulures d'une exécution plus facile, en ce qu'elles reposent sur une seule face et qu'ordinairement elles sont très-légères. Un ouvrier un peu habitué à ce travail peut en un jour faire le tour d'un appartement de quarante à cinquante pieds divisés en quatre branches, avec leurs profils. J'ai fait souvent cette opération en moulures de cinq pouces ; et quelquefois, par gageure, j'ai fait jusqu'à quinze pieds de moulures d'une seule gâchée. Mais ordinairement on gâche deux fois, une pour former l'épaisseur, et une autre pour lisser et finir.

Il y a plusieurs manières de procéder pour ce genre d'ouvrage ; je vais détailler celle qui m'a paru la meilleure et la plus expéditive.

Quand on établit un encadrement autour d'un plafond, on désigne l'intervalle que l'on veut lui donner. Cette distance est ordinairement de six pouces du mur ou de la corniche. Si les parties sont longues et qu'il faille poser plusieurs règles, il est à propos de battre le cordeau sur toute la ligne où elles doivent être placées ; mais auparavant on doit établir la partie du plafond qui sera resserrée entre le mur et l'ornement, et qu'il faut bien enduire, attendu qu'il serait très-difficile de le bien faire après, et qu'en outre on y emploierait beaucoup plus de temps.

Ainsi, pour faire les longueurs, on commence par bien dresser le plafond, en ce qui concerne les parties qui doivent recevoir les moulures ; c'est-à-dire, que, si l'on prend six pouces pour la distance de la moulure au mur, il faudra ajouter la largeur que comporte le calibre, plus quelques pouces pour que les charges à venir pour l'enduit de la totalité ne puissent pas dégrader la partie moulée. Après avoir appliqué cet enduit, qui doit être bien dressé, on bat le cordeau pour obtenir la régularité des distances et faciliter la pose des règles, qui, se plaçant dans leur largeur, se retirent sur le mur ou sur les corniches. On les arrête facilement à l'aide de quelques lattes ou liteaux, ou tout autre support, fixés par des clous dans l'épaisseur du mur indiqué ci-dessus, à moins qu'il n'y ait des saillies dont on puisse tirer profit comme point d'appui. Une règle, ainsi placée sur ce côté seulement, est bien suffisante, chaque fois que l'on aura bien préparé le chemin où doit couler le calibre, et la manière que j'ai indiquée ci-dessus pour la poser évite d'employer les clous ou vis dont se servent maladroitement quelques ouvriers, qui souvent arrachent le lattis en voulant les retirer. Après cette préparation, on pratique au plafond des rayures, au moyen d'un outil quelconque, afin de disposer cette partie de plafond à se lier avec le plâtre qui doit former la moulure, en ayant soin de laisser intactes les petites largeurs ou lisières du calibre qui sert à chaque bout du dessin. Ce sont ces deux lisières qui coulent sur le plafond. Ainsi, en deux gâchées, on fait ordinairement ce genre de moulures, surtout pour celles qui portent cinq à six pouces de largeur sur quinze lignes de saillie. Ces plafonds, étant toujours secs quand on applique la moulure, tirent assez le plâtre pour le faire durcir promptement. Pour ce qui est des profils, ils se font d'après les principes que j'ai donnés ci-dessus pour les corniches.

Moyen de pousser les moulures sur des vieux plafonds.

Il arrive quelquefois que l'on fait des moulures ou des corniches sur de vieux plafonds. Cette opération ne réussit pas toujours, en raison que ces plafonds sont encrassés par la fumée ou engraissés par les couches de blanc qu'ils ont pu recevoir ; de façon que le nouveau plâtre que l'on veut y appliquer, ne pouvant se lier, fait des soufflures et finit par tomber ; ce qui est bien désagréable après que l'on a mis du soin et que l'on s'est donné de la peine : même inconvénient se présente pour les enduits. Souvent on enduit de vieux plafonds, qui, bien que soigneusement repiqués, font des soufflures et obligent à recommencer. On peut attribuer la cause des soufflures à la vétusté des plafonds, dont le plâtre ayant perdu une partie de sa force n'est plus accessible à l'humidité ; en outre, sa trop grande sécheresse lui fait tellement attirer l'eau du nouveau

plâtre, qu'il le rend comme du plâtre gâché fort,
ce qui occasionne un gonflement et par suite
une séparation, en raison de la force différente
des deux matières. Voici le remède que je pro-
poserai pour éviter ces inconvéniens.

Une fois vos plafonds bien raclés et piqués,
ils sont prêts à recevoir la couche que vous vou-
lez appliquer. En gâchant, ayez le soin de tenir le plâtre un peu plus clair que ne l'était celui
sur lequel vous devez enduire ; ajoutez, de plus,
de la chaux éteinte et liquide en petite quantité dans chaque gâchée ; trois onces de chaux
vive éteinte dans dix litres d'eau suffisent pour
empêcher la fermentation du plâtre, qui ainsi
mélangé ne travaille plus après son application.

Des pilastres, moulures, encadremens, etc.

Comme ce n'est pas seulement aux plafonds
que l'on applique la quadrature, je vais continuer de parler des différens ornemens que
l'on est susceptible d'adapter, tels que décorations de cheminées ou de niches ; imitations
de boiseries, etc. Ces ouvrages, pour lesquels
il faut du goût et beaucoup d'adresse, peuvent
nécessiter la connaissance du dessin. Cette
science donne à l'ouvrier qui la possède un
grand avantage, en lui assurant la justesse des
mesures : les aplombs, les niveaux, les cintres ;

les ovales, s'établissent avec beaucoup plus de facilité. Les ornemens, les ragréages, les raccords, etc., demandent à être exécutés par un ouvrier qui connaisse le dessin. Toutefois le goût, l'intelligence et l'attention peuvent tenir lieu de cette science artistique.

Des cheminées.

Lorsque l'on doit décorer une cheminée, il faut d'abord en tracer l'esquisse : si elle est adoptée, on procède à faire les angles et arêtes bien d'aplomb sur toutes faces ; après cette première opération, on trace sur un papier exactement toutes les façons que doit recevoir la décoration. De cette manière, on est moins sujet à se tromper, soit pour l'encadrement de la glace, soit pour les panneaux, frises, etc. Le corps de la cheminée étant d'aplomb et bien dressé, on commence par placer les règles, comme je l'ai indiqué, et l'on procède à pousser la corniche; si elle doit être toute droite, il n'y aura que les retours des deux arêtes et des deux encoignures à raccorder. Mais s'il y a des ressauts ou avant-corps, il faut pousser à plusieurs fois, selon le cas; si c'est la décoration qui avance plus ou moins en entablement, on commencera par pousser les deux extrémités qui sont en arrière, puis on passe deux couches d'enduit délayé comme du blanc, un peu plus épais, pour empêcher que le plâtre à venir ne s'y fixe ; autrement, on recouvre avec un linge, afin de garantir ce qui est fait. Après cette opération, on descelle la règle du haut pour la mettre suivant que l'exigent les saillies des avant-corps ; quant à celle du bas, elle reste dans sa première position : l'on fait seulement sortir le calibre du sabot, de manière à lui donner la saillie nécessaire ; ensuite, tout étant ainsi disposé, on pousse la corniche d'avant-corps, puis on profile de droite et de gauche.

Mais si l'on ne veut faire qu'un ressaut dans le haut des pilastres, il faut d'abord pousser la corniche de fond, dans toute sa longueur ; ensuite, en prenant les précautions indiquées plus haut, on repousse les saillies exigées par l'épaisseur du pilastre. Si l'on veut découper quelque dessin dans les membres de ces corniches, il faut avoir la précaution d'employer du plâtre très-fin et que l'on devra bien appliquer, pour éviter les soufflures. Les profils bien faits embellissent l'ouvrage.

Les corniches ainsi établies, on se met en devoir de faire les pilastres. Les plus difficiles sont en général les pilastres cannelés, flûtés et à double filet ; mais s'ils présentent plus de difficultés dans leur confection, ils sont aussi d'une grande beauté, car avec une belle embase, un élégant chapiteau et un entablement analogue, ils sont d'un fort bel effet. Pour bien faire ces pilastres, il faut avoir deux calibres corrects et bien accordés, attendu qu'ils doivent servir à pousser deux dessins ou moulures sur une seule ligne. Il faut donc user de beaucoup de précaution pour les établir d'accord : quand on est arrivé à ce point, on est assuré de la réussite.

Afin de bien pousser ces pilastres, il faut poser d'aplomb deux règles, une de chaque côté ; elles doivent être droites et bien lisses, et s'appliquer également sur le mur ; quand elles sont fixées, on gâche le plâtre en quantité suffisante ; on le tient un peu fort pour la première couche, et un peu moins pour les suivantes. Pour pousser, on tient le calibre des deux mains, bien de niveau et en appuyant sur les règles pour éviter les épaisseurs ; une de ces règles sert à guider le calibre, que l'on fait couler sur celle que l'on juge la plus commode et qui devra être la même pour les deux calibres. En partant du haut du pilastre, le calibre cannelé en fait les deux tiers, et le calibre flûté pousse les flûtes de l'autre tiers qui va rejoindre l'embase. Après avoir bien pris ses mesures, on fait le haut en premier et le bas ensuite. Deux ou trois gâchées suffisent pour établir un pilastre de cheminée. Après ces pilastres cannelés, viennent ceux à panneaux, à baguettes et les pilastres unis; mais ils sont moins difficiles que les premiers, et qui a fait les uns peut faire les autres. Les plus simples sont les plus faciles, en ce que l'on peut pousser d'une main le calibre et de l'autre maintenir le plâtre, afin qu'il entre exactement dans les dessins de ce dernier. Quant aux bases et aux chapiteaux, il faut avoir la précaution d'en confectionner dans la morte-saison; on les a tout prêts à l'occasion. Il m'est souvent arrivé de faire, dans les grands froids, des ouvrages qui m'étaient bien avantageux dans les momens de presse; j'avais toujours un assortiment d'ornemens, chapiteaux, embases, retours de corniches, en un mot, de tout ce que l'on peut faire à l'avance. J'employais ma saison d'hiver à préparer et profiler ces ouvrages minutieux.

Revenons à notre cheminée. Les pilastres terminés, on applique les chapiteaux et embases que l'on a dû faire à l'avance et qui sont tout profilés. Si la décoration nécessite un encadrement de glace, ou autre, ces moulures, n'étant pas si susceptibles que les pilastres, peuvent se faire promptement et sans beaucoup d'apprêt, à l'aide d'une seule règle pour guider le calibre, que l'on traîne sur le fond de ces ouvrages ; ces fonds doivent être préalablement dressés et bien enduits.

Ordinairement, ce sont les architectes qui donnent le dessin et le genre des décorations des cheminées ; quelquefois ce sont les propriétaires, et souvent c'est l'ouvrier qui doit la construire. Dans ce dernier cas, on doit d'abord en reconnaître la position en raison du jour, car les moulures sont plus ou moins apparentes, suivant qu'elles sont placées dans un endroit plus ou moins éclairé, et plus l'emplacement est clair, plus aussi les ornemens doivent être mélangés de petites moulures qui en font la beauté.

Quand la partie est sombre, on peut tenir les moulures grosses et mâles ; de même, plus elles sont en élévation, plus elles doivent être tenues fortes. Mais une fois qu'une cheminée a sept pieds de hauteur sur quatre de large, c'est beaucoup ; en sorte qu'il vaut mieux faire un panneau pour abaisser les élévations à cette hauteur de six à sept pieds, corniches comprises. Dans ce cas, il est à propos de faire une corniche volante ou détachée pour couronner l'entablement, ainsi qu'on est en usage de pratiquer ; autrement, on doit établir deux décorations, c'est-à-dire, qu'il faut monter des pilastres l'un sur l'autre, en les coupant par des plinthes ou autres moulures, pour séparer les chapiteaux des embases. Cette continuation de pilastres conduit à la hauteur de l'édifice ou du plafond.

Des corniches en matifat.

On peut, sans employer du plâtre, faire des quadratures, corniches, entablemens, etc., soit avec du bon mortier, soit avec du matifat. J'en ai vu qui étaient faits avec cette dernière matière et qui imitaient, à quelque chose près, les moulures de plâtre. On emploie dans leur confection les mêmes procédés que pour le plâtre. A défaut de ce dernier, on dégrossit et l'on finit avec le matifat, dont j'ai donné la description en parlant des plafonds. (Voyez *Matifat*, page 166.)

On établit les règles de la même manière que pour le plâtre, après quoi l'on applique les épaisseurs nécessaires ; s'il se peut, on passe le calibre pour en préparer la forme, puis on laisse sécher quelques jours. Quand on juge que cette couche a acquis assez de consistance, on en repasse une seconde pour achever de remplir, et lorsqu'elle est bien formée, on lisse en passant une couche de chaux éteinte et tamisée dans laquelle on mélange un tiers de sable très-fin. Ce mélange suffit pour lisser.

Des niches et de leur décoration.

Pour construire une niche cintrée, il faut avoir bien des connaissances, de la pratique et de la précaution pour établir la grandeur et les proportions, et donner au cintre une forme régulière. Leur construction, soit massive, soit en creux, est réglée par les circonstances qui peuvent nécessiter l'emploi de l'un ou l'autre mode; mais on peut tout aussi bien les exécuter en briques sur champ qu'en maçonnerie pleine. Lors donc que l'on devra traiter une niche, on devra consulter la figure 45, qui représente une niche en construction. Le n° 1 est une tringle posée au milieu de la niche pour servir de guide au simbleau (n° 2), qui tourne tout autour, et pour aider à établir les distances de la maçonnerie en cintre. Ainsi, en partant du bas, en venant à hauteur de la traverse où se trouve la moulure, l'on se sert de ce conducteur pour faire le dedans de la niche. Lorsque l'on arrive vers le haut, où commence la calotte, l'on a une tringle (n° 3) que l'on fait agir sur tous les sens et qui donne à la calotte la forme naturelle qu'elle doit avoir. C'est de ce même point que l'on établit le simbleau pour tourner l'archivolte du cintre. Lorsque l'on veut construire une niche dans les proportions, l'ordinaire est de prendre le tiers de la hauteur pour en former l'ouverture. Quant à la profondeur, la moitié du diamètre est de trop ; il est mieux d'en diminuer quelques pouces, cela donne plus de grâce, et c'est ce qui fait que généralement elles n'ont que le tiers de leur ouverture en profondeur. On peut en faire de moins profondes ; et même elles présentent un avantage dans les localités peu spacieuses, ou dans celles qui ne doivent pas avoir de saillie. Quelle que soit cependant leur plus ou moins grande profondeur, le simbleau doit sortir du point cité plus haut. On décore les niches des sculptures les plus belles et des plus jolies moulures : aussi les modillons, les rosaces, les membres sculptés, en un mot, les plus beaux dessins doivent être employés à la décoration de ces ouvrages distingués.

Moyen de sculpter les membres des moulures.

Les moulures sculptées sont d'un si bel effet, que je suis étonné d'en voir si peu. Si j'étais assez heureux pour pouvoir en répandre l'usage, en indiquant les moyens de les faire, je serais bien récompensé des peines et de l'application de mon travail. Toutes les moulures peuvent se réduire en dessins. On en trouve la preuve dans le *Vignole,* où sont représentés lés sept ordres d'architecture, et dont chacun de ces ordres reproduit une sculpture nouvelle sur un membre différent; plus on avancera dans la carrière de la science, plus on trouvera le moyen d'embellir le décor. Par le procédé du moulage, on obtient des moulures sculptées dans tous les genres que l'on peut désirer. Le mieux, pour être assuré de réussir, serait de faire emplette des moulures qui se vendent dans le commerce, soit en carton-pierre, soit en mastic de Cherbourg; en sorte qu'avec des copies, on fait des moules qui sont d'une grande ressource en cas de besoin. Mais, à ce défaut, on peut exécuter les moulures en plâtre et ensuite mouler dessus.

On peut aussi découper sur les moulures plusieurs ornemens dont la façon est très-prompte, tels que les denticules, les perles, les rez-de-cœur, les consoles, etc. Tous ces ouvrages peuvent être exécutés sur place, même les oves; en sorte qu'une fois ces dessins bien compassés, on les trace et on les découpe avec adresse et finesse, dans les proportions qu'exige ce travail. Mais pour bien faire un ove, il faut, sur du papier, en tracer un de la grandeur de celui que l'on se propose d'exécuter sur la moulure; quand on a bien trouvé la proportion, on en dessine deux moitiés avec leur entre-deux, qui forme ordinairement un dard ou un petit culot en feuilles d'acanthe. Ces deux moitiés étant faites régulièrement et bien d'accord, on ploie le papier bien juste à la moitié et l'on pointe le dessin, ce qui en donnera un double. Cette opération sera renouvelée autant de fois qu'il sera besoin d'avoir des doubles, qui se trouveront tous tracés par le même dessin et qui seront d'une justesse et d'une égalité parfaite. On applique ensuite cette esquisse sur le membre de moulure que l'on doit sculpter ; et, avec un petit sachet contenant de la poudre noire ou rouge, l'on frappe toutes les parties du dessin. Ce moyen suffit pour imprimer des points qui indiquent très-bien les endroits qui doivent être découpés. C'est ainsi qu'en passant d'une opération à une autre, on parvient à faire ces ouvrages distingués.

Mais pour les denticules, les perles, les rez-de-cœur, l'on n'a pas besoin de ce procédé ; il s'agit seulement de les compasser et de les tracer ensuite, ces sculptures étant assez simples pour qu'un ouvrier intelligent ne puisse manquer de réussir. Je conseillerais cependant de s'en servir pour les oves, les feuillages et les glands. Après que l'on a découpé, on remplit les creux qui ont pu se trouver dans les défauts du plâtre, et après avoir ainsi tout bien

ragréé, on peut blanchir, afin de rendre l'objet
plus propre, et pour cela on doit se procurer
du beau blanc d'Espagne ou de Bougival; que
l'on fait infuser dans l'eau pour en former
un liquide. Puis, avec un petit pinceau, l'on
blanchit toutes les découpures, ce qui les lisse
en même temps et qui les rend doublement
agréables aux amateurs des arts.

Moyen d'appliquer les ornemens moulés.

Bien que je me sois proposé de ne traiter du
moulage que dans la troisième partie, je crois
devoir parler ici du moyen d'appliquer les moulures. Je commencerai par celles à dessin que
l'on fait dans des moules, pour être ensuite appliquées sur des ouvrages de quadrature. Je
crois avoir suffisamment établi quelle doit être
la disposition des places ménagées pour recevoir les moulures, lorsque l'on pousse les corniches, etc.

L'on a pu voir qu'il était essentiel de disposer
son calibre de manière à ménager la place aux
ornemens et moulures qui dépendent de la quadrature. Lorsque tout est préparé pour recevoir
la moulure, on gâche un peu clair en mêlant
au plâtre un peu de chaux éteinte, et dès qu'il
vient d'atteindre l'épaisseur d'une bouillie
claire, on l'étend sur la moulure; cette der-

nière s'applique aussitôt en lui donnant une direction droite.

Il y a quelques ouvriers qui délayent du plâtre vieux avec du poli ; mais cette liaison, tout au plus bonne pour les petites pièces, ne saurait convenir aux grandes parties ou aux massifs. Le premier moyen est plus sûr, et l'on doit redoubler de précaution pour les assujettir, d'autant que les pièces sont importantes. Par exemple, les rosaces, ou autres ornemens de plafond, lorsqu'elles sont grandes, ne sont pas suffisamment attachées au plafond par le plâtre seul ; il est plus prudent, après qu'elles sont appliquées, de les visser de distance en distance, selon la grandeur des pièces. On ne saurait donc trop user de précaution : car sans cela cet ornement si fragile, en tombant bientôt se brise en mille éclats qui ne peuvent plus servir à rien, et l'on aura en outre perdu un temps précieux ; on peut éviter ces désagrémens avec un peu de prudence et d'attention.

TROISIÈME PARTIE.

Moyen de faire les colonnes, bases, chapiteaux, etc.

Un jour, je fus bien surpris, en entrant chez un maître-plâtrier, de voir dans sa cour, sur des tréteaux, une colonne très-grosse, que quatre ouvriers étaient à confectionner. L'un gâchait le plâtre, l'autre faisait tourner avec peine la colonne ; les deux autres étendaient le plâtre sur une planche à ce destinée ; encore ne faisaient-ils ni la base, ni le chapiteau. Quatre personnes, dis-je en moi-même, pour faire un ouvrage aussi simple ! Après avoir questionné les ouvriers sur cette manière de travailler, ils me répondirent qu'ils ne connaissaient aucun moyen pour faire mieux ; que, quand la colonne serait sèche, ils la transporteraient en place, et qu'ensuite on y appliquerait les bases et chapiteaux en plusieurs parties. Je ne répondis rien, voyant que ces gens croyaient m'apprendre quelque chose de très-beau et de neuf. Ailleurs, j'ai vu d'autres ouvriers qui les poussaient de même que les pilastres ; mais, par ce procédé, elles sont aussi grosses en bas qu'en haut : c'est ce qui m'a engagé à démontrer la manière dont je me servais en semblable circonstance. J'ai donc cru bien faire de dessiner cette opération (figure 41, pl. VII).

La figure 41 représente une colonne qui se tourne à la place qu'elle doit occuper, sans qu'il soit besoin de la déplacer. Par ce moyen, le chapiteau, la colonne et son embase se font à la fois. Le n° 1 est la colonne à sa place, ainsi qu'on peut le voir. Pour commencer le massif de la colonne, on doit se procurer une pièce de bois proportionnée à la grosseur qu'on veut lui donner. A ce défaut, on établit des rondeurs à distance convenable, sur lesquelles on latte pour recevoir un dégrossissage qui apprête ladite colonne ; de même pour les bases et chapiteaux. On fait des renflemens, pour aider à venir promptement en saillie, selon que le demandent les proportions.

Après cette préparation, on établit cette colonne sur le lieu où elle doit être fixée à demeure ; on la fait mobile, afin de pouvoir tourner selon l'exigence du travail. A cet effet, on la monte sur deux tourillons placés à chaque extrémité, et qui, la tenant en équilibre, font tourner cette colonne. Lorsqu'elle est ainsi préparée, on s'occupe d'établir le calibre qui doit la former, selon l'ordre d'architecture que l'on a adopté. Ce calibre se compose de trois pièces pour les grandes et d'une pour celles d'une moindre dimension. Je dis trois pièces, en comptant : un morceau pour l'embase, un pour le corps ou fût de la colonne, et un autre pour le chapiteau. Ces trois parties sont cotées à la planche sous les n°ˢ 2, 3 et 4. J'ai aussi figuré des trous de distance en distance, pour démontrer qu'il faut que ces calibres soient réunis et assujettis par des vis sur une pièce montante, à laquelle j'ai donné le n° 5. Cette pièce est un chevron d'environ quatre pouces carrés, que l'on place d'aplomb, à trois ou quatre pouces de distance de la colonne ; c'est sur ce chevron que se fixent les calibres n° 2, 3 et 4. Il est maintenu par des crochets de fer qui viennent agraffer les tourillons du bas et du haut de la colonne. De cette manière, il n'y a pas d'écartement à craindre pour les extrémités.

La planche, ou calibre n° 3, est facile à établir. On se procure, à cet effet, une planche de longueur, de largeur et d'épaisseur convenables, que l'on façonne proprement en la dressant et la tirant de large. Ensuite, l'on trace la diminution que doit avoir la colonne. Pour m'expliquer plus clairement, le calibre n° 3 doit être pris par inversion de la colonne, c'est-à-dire, sa partie la plus large placée à la hauteur de la partie la plus étroite de la colonne. Après cette préparation, on peut la fixer sur le chevron en la mettant bien d'aplomb sur toutes ses faces. La colonne n° 1 se trouvera sur ce calibre sans être dérangée. Dans le bas de la colonne, on perce d'outre en outre un trou de quinze lignes de diamètre, dans lequel se glisse une cheville qui facilite la colonne à tourner d'autant plus aisément, que le tourillon du bas entre dans un crapaud de fer, qui a un poquet pour le fixer ; et celui du haut traverse ou entre seulement dans la pièce de charpente qui supporte l'entablement, ainsi qu'on le voit (n° 6).

Cet appareil bien solidement établi, on peut se mettre en devoir de tourner la colonne. Après que l'on a fait tous les massifs nécessaires, on remplit en bon plâtre les parties qui doivent l'être ; mais en dernière couche, on commence par les chapiteaux, après quoi l'on re-

tire le calibre (n° 4), attendu que le gonflement
du plâtre pourrait produire un mauvais effet.
Il en sera de même pour le corps de la colonne,
que l'on dépouillera de son calibre ; après quoi
l'on procèdera à l'établissement des embases.
On voit par là de quelle utilité peuvent être ces
calibres, qui se démontent ainsi en trois pièces,
surtout pour une grosse colonne. Les petites,
depuis trois pieds jusqu'à six, peuvent se faire
avec un seul calibre ; mais l'on sera toujours
plus assuré de la réussite en en employant un
de plusieurs morceaux. Le procédé que j'indique est des plus expéditifs que l'on puisse jamais
trouver, puisqu'un ouvrier intelligent peut en
tourner deux par jour, avec l'aide d'un homme
qui fait tourner suivant le besoin. Quand elle
est ainsi établie, il n'y a plus qu'à lui donner le
poli et à faire le tailloir des chapiteaux. Lorsque ces opérations sont terminées, on remplit
le vide qui se trouve sous la colonne, et l'on
calle le haut avec des coins de bois, pour faire
prendre à la colonne les charges qu'elle doit
supporter.

Si l'on a des chapiteaux en sculpture, tels que
les corinthiens, les composites, etc., on les
place en conséquence après avoir disposé la colonne à cet effet. Pour faire une colonne en
plâtre, c'est assez d'avoir un pouce de distance

tout autour, afin de la former. On peut de même appliquer la première couche en matifat, qu'on laissera sécher une huitaine de jours. Cette première couche est peu dispendieuse et produit un bon effet ; à ce défaut, du plâtre gâché avec du poil de bœuf donne une grande solidité. Je recommanderai d'employer du bon plâtre bien cuit, qui ne se relâche pas et auquel on devra mélanger un peu de chaux. Quelques jours après qu'elles sont finies, on fait une couche de blanc avec du beau blanc d'Espagne, que l'on étend sur toute la colonne ; cela remplit les inégalités que le moule a pu laisser. On comprend donc aisément la facilité de ces opérations : c'est la colonne qui tourne sur les pivots ; les calibres sont immuables, et quand ils sont bien établis, on donne aux colonnes toutes les formes que l'on désire.

Moyen de faire des colonnes sur des massifs.

Il arrive souvent que l'on a des colonnes à faire sur des massifs qui ne peuvent tourner : ce sont les plus difficiles. Pour ma part, j'ai eu l'occasion d'en construire, et voilà comme je m'y suis pris et comme l'on doit faire pour bien réussir. Si les massifs sont en briques, l'on se dispose à faire la colonne en trois fois. A cet effet, on pratique une ouverture au bas et au haut de ces piliers ; cette ouverture pénètre jusqu'au milieu des massifs. Ensuite, l'on scelle un petit crochet, qui en reçoit un autre qui est attaché au calibre, tel qu'il existe à la figure 41. Ces calibres, une fois bien établis et agraffés aux crochets du bas et du haut dudit pilier, et bien appareillés dans la proportion, on fera la moitié ou le tiers de la colonne en faisant agir le calibre autant que le permettra l'ouverture pratiquée dans les piliers. Après avoir fait une partie, on consolide les entailles pour en faire de nouvelles d'un autre côté. Cette opération n'est pas facile ; mais on parviendra par-là à donner les proportions que demandent les colonnes d'architecture.

Autre moyen de faire les colonnes immobiles.

Comme il y a des cas où il est impossible de faire les entailles dont je viens de parler, en raison de ce que les piliers sont en pierre ou en bois, et que l'on est privé de cette ressource, voici un autre moyen qui me parait convenable. L'on trace d'abord le plan du pilier que l'on veut convertir en colonne ; on en tire exactement les proportions, ensuite l'on apprête une planche ou un calibre semblable à celui de la figure 41. Ledit calibre ainsi fait, il s'agit de le mettre en service ; et, pour cela, il faut faire des cercles ronds et en deux pièces, se montant par une croisure qui se ferme à volonté. On place le premier en haut de la colonne ; le second, un peu plus grand, est placé au-dessous, au tiers de la colonne ; le troisième se place à l'autre tiers de la colonne ; un quatrième est de même placé au bas et au-dessus de la partie où doit être l'embase. Ces quatre cercles doivent être bien établis, de grosseur proportionnée et bien assortie à la force du calibre ; ils doivent en outre être bien à l'alignement les uns des autres, selon l'exigence des compartimens.

Le tout étant bien fixé, l'on remplit ces distances ou intervalles, avec du plâtre que l'on recoupe, et dont on racle le surplus en présentant le calibre ou une règle. Ainsi, d'un tiers à un autre, on parviendra à faire des colonnes dans les proportions demandées. Quant aux bases et chapiteaux, on ne peut facilement les faire sur place : dans ce cas, on les tourne séparément et creux, c'est-à-dire, que l'on établit un point de cintre, par un arbre placé d'aplomb en aiguille ; on attache le calibre à un bras qui tourne pour faire la base et le chapiteau en simbleautant, comme cela se pratique pour les moulures rondes dans les plafonds. On laisse sécher ces pièces, afin de mieux les transporter ; puis on les pose par tiers ou moitié, suivant qu'on le juge nécessaire. Ainsi, avec de l'entendement et du goût, on mène les choses à la perfection. Et si ceux qui les premiers ont employé ce procédé n'avaient ni théorie ni instruction, que ne doit-on pas attendre de celui qui aura fait usage des moyens que je viens de donner dans cette explication, où l'on trouvera des ressources déjà mises en pratique et qui ont fait réussir ?

Moyen de tourner la colonne torse.

On peut parvenir à tourner la colonne torse, en établissant un tour semblable à ceux des tourneurs, mais d'une grandeur convenable, auquel on adapte le mécanisme que représente la figure 40, pl. VII, où l'on voit un tour ordinaire auquel est adapté le massif qui doit faire la colonne et sur la gauche duquel on établit un appareil, qui imprime un mouvement mécanique nécessaire à la torsion de la colonne. Cet appareil consiste en un cylindre, dans lequel est pratiqué un pas de vis sans fin ; dans ce dernier, entre un piton placé au milieu du support, en sorte que la corde qui fait mouvoir le tour fait avancer ou reculer, suivant que le besoin peut l'exiger, le cylindre qui conduit l'objet à tourner, de manière qu'en tenant à distance proportionnée l'outil à sculpter, on doit arriver à faire une colonne torse. Ce genre de travail peut aussi se faire perpendiculairement, comme le présente la figure 41 pour les colonnes ordinaires, en ayant soin de préparer un calibre dans les proportions voulues et en ajustant le pas de vis, pour qu'il ne fasse faire qu'un seul tour à l'objet calibré. Ainsi, avec un peu de précaution, on parvient à exécuter ce genre de travail, dont la confection a jusqu'à présent été un secret.

Des marbres. Moyen de les remettre à neuf.

Les plâtriers doivent aussi apprendre à recoller, réparer et polir les vieux marbres, attendu qu'il n'y a pas tant de marbriers que de plâtriers, et qu'en outre, on peut se trouver dans des endroits où il n'y ait pas de marbriers ; dans ce cas, c'est au plâtrier que l'on donne cet ouvrage.

En conséquence, je vais indiquer les moyens de remettre les vieux marbres à neuf. Il faut d'abord en faire disparaître toutes les taches, ce qui s'obtient en frottant les parties tachées jusqu'à ce que l'on n'aperçoive plus aucun défaut ; on se sert ordinairement de pierres de grès pour cette opération. Quand cette dernière a enlevé toutes les taches, on se met à polir, en passant la pierre ponce et en tenant toujours de l'eau sur le marbre. Après que l'on a bien frotté et lissé avec cette pierre, l'on prend une molette faite avec du vieux feutre de chapeau, que l'on roule et que l'on ficelle. On promène avec force cette molette sur toute la surface, en y mettant de temps à autre de la limaille de plomb, qui, étant très-grasse, donne au marbre un poli qui le rend comme neuf. Mais si l'on veut le polir plus économiquement, il faut le frotter avec cette molette, que l'on trempera de temps en temps dans de l'essence de térébenthine, jusqu'à ce que l'on n'aperçoive plus de taches. Quand il sera bien nettoyé, on cessera de passer l'essence et l'on commencera par employer la limaille de plomb. Ce procédé est convenable aux marbres de couleur; quant à ceux d'une teinte tendre et délicate, tels que les blancs, c'est à force de travail que l'on peut parvenir à les lustrer.

Moyen de récoller les marbres cassés.

Il y a plusieurs moyens de coller les marbres cassés; mais aucun, ou du moins très-peu, ne peut les raccorder de manière à ne plus se séparer : voici celui que j'ai employé plusieurs fois. Lorsqu'une pierre de marbre est brisée, l'on doit premièrement tâcher d'en percer les pièces, afin d'y introduire des goujons qui

entreront, moitié dans un moreeau, moitié dans
un autre ; ce moyen est le plus sûr. Quant au
mastic qui sert à recoller, on aura plus tôt fait
d'en acheter chez les marbriers, attendu qu'ils
en connaissent mieux la composition et la fabrication. Ainsi, lorsque l'on s'est procuré
le mastic convenable et que les pièces sont
disposées ainsi que je l'ai indiqué, on fait
chauffer à un feu doux le mastic, ainsi que les
parties que l'on veut joindre, et, quand on juge
que chaque chose est au degré nécessaire, on
graisse bien les cassures avec le mastic, on place
les goujons, et on rapproche les parties aussi
bien que possible, pour éviter tout joint désagréable ; ensuite on laisse refroidir, puis l'on
remet le tout en place. J'observerai seulement
qu'il est rare qu'un marbre une fois cassé puisse
présenter autant de solidité ; le meilleur moyen
de parer à cet inconvénient serait, après avoir
encollé, de lui adapter une doublure, soit avec
des pierres à ce destinées, soit avec du plâtre :
ce moyen consolide très-bien.

Il se vend aussi dans le commerce des colles
ou mastics liquides et incolores, que l'on emploie pour recoller le marbre, l'albâtre, la por-
celaine, les faïences, les verreries, les cristaux,
etc. ; on fera bien de s'en procurer en bouteille,
vu que cette composition se conserve très-bien,

et qu'elle est excellente pour recoller tous ces objets fragiles.

Moyen de scier le marbre.

Il peut se présenter des occasions qui obligent de savoir scier le marbre pour l'employer sur une mesure donnée. Le moyen en est aussi facile que tous ceux indiqués jusqu'ici, et dans ce travail, comme en toute autre partie, un peu d'adresse et de précaution suffit pour faire réussir. Lors donc que l'on devra scier des marbres, n'importe de quelle grandeur, on commencera par bien tracer ses mesures tout autour, et principalement du côté de la surface, vu que c'est par ce côté que l'on doit commencer à scier, par la raison qu'une fois arrivé à une certaine épaisseur, on peut faire une pesée sur le peu qui reste afin d'abréger : on emploie pour cet usage une scie sans dents. A ce défaut, on se sert d'un morceau de fer mince et large, ou même d'un feuillard de fer bien droit. Avant de commencer à scier, il faut avoir la précaution de sceller sur le marbre une règle, afin de guider la scie et garantir les rives qu'elle pourrait écorcher en déviant. En passant avec cette scie, il faut avoir de la poudre de grès tamisée; car c'est elle qui doit trancher le marbre, la scie ne servant qu'à conduire ce grès dans la direction. On y mêle de l'eau, et par ce moyen on peut couper les marbres les plus durs.

Pose des chambranles en marbre des cheminées.

Le marbre est un calcaire, autrement dit, un corps composé de plusieurs parties de chaux. J'ai vu des carrières de marbre dont les débris faisaient de très-bonne chaux; c'est sans doute une des causes qui empêchent les marbres de résister à l'action d'un grand feu et qui les font s'échauffer et se casser par morceaux. Par ces motifs, il faut toujours tenir éloignées du feu, autant qu'il est possible, les pièces de marbre.

Le marbre se lie très-bien avec le plâtre, et l'on emploie journellement ce dernier dans le scellement des parties qu'il faut mettre en place. Dans plusieurs villes, les marbriers posent en place leur ouvrage; mais à leur absence, ce sont les plâtriers que l'on en charge. Pour le transporter, on doit user de précaution en raison de sa fragilité et des vives-arêtes, moulures, etc., qui peuvent y être pratiquées.

Lorsqu'on doit poser un chambranle, il faut s'assurer si la cheminée a la mesure nécessaire, et si elle est carrément par rapport au mur qui lui est contigu ou celui qui se trouve vis-à-vis, afin de faire les rectifications nécessaires.

Supposons donc une cheminée exactement faite. Si elle doit recevoir un foyer, on commence par le poser ; toutefois, cependant, ce ne sera qu'après avoir présenté la tablette de la cheminée, afin de descendre les aplombs de la largeur au carrelage, pour indiquer la place du foyer, qui doit être de deux pouces en dedans de l'aplomb de la tablette, en sorte que les pilastres reposent sur ce foyer. Ces pilastres sont retenus en dessous par de petites pattes qui se cramponnent dans des trous que l'on dispose à cet effet.

Cette pièce de foyer se pose de niveau et bien carrément ; quand elle est correctement établie, l'on coule du plâtre en assez grande quantité pour la sceller. Cette opération lui donne la solidité nécessaire ; car faute d'être bien bloquées en dessous, on en voit une grande quantité périr, ce qui ne vient que du manque de précaution des ouvriers. Une fois le foyer bien scellé, on assujettit les pilastres en les faisant reposer de toute leur épaisseur sur le foyer, puis on les met bien d'aplomb sur toutes faces. On les attache avec des cordes, pour placer dessus la traverse, qui doit reposer carrément ; ce que l'on obtient en corrigeant l'une ou l'autre partie, selon les cas.

Ces trois pièces une fois bien établies, après que l'on a eu le soin de placer les crampons nécessaires et pour lesquels les marbriers ont dû ménager des entailles, on scelle avec du bon plâtre, en remplissant le surplus avec du plâtre clair ou du mortier bâtard, et des briques même s'il le faut. Ensuite, on pose la tablette, en faisant un coulis avant ou après, suivant l'occasion; mais, afin de bien la poser, il est à propos de faire aux deux extrémités un repaire de niveau pour recevoir la tablette. Ces deux repaires forment dans la longueur une espèce d'auge que l'on remplit de plâtre liquide; on place aussitôt la tablette, qui doit fouler sur le coulis jusqu'à ces repaires, qui lui donnent une assise sur laquelle elle vient se poser.

Des cheminées à colonnes, à consoles, etc.

Pour bien poser des cheminées à colonnes ou à consoles, il faut d'abord bien en raisonner les pièces et s'assurer des difficultés qui pourraient se présenter. Une fois que l'on a bien compris la portée du travail, on peut procéder hardiment et avec plus de sûreté. Mais l'on commence toujours par placer les foyers bien carrément et de niveau; c'est un point essentiel pour bien faire les aplombs : ensuite chaque pièce de marbre se pose à sa place, et avec un peu d'adresse et d'attention , on peut facilement établir ces meubles riches et distingués.

Intérieur des cheminées en carreaux de faïence.

Il est de mode aujourd'hui de garnir l'intérieur des cheminées en carreaux de faïence ; c'est un nouvel ouvrage pour les plâtriers, et il exige une précaution particulière pour scier les carreaux et les ajuster, en ce que les joints et les raccords doivent en être bien faits et imperceptibles, et que l'émail est sujet à s'enlever par éclats au premier choc qu'il peut recevoir. Ces carreaux, fabriqués à Paris, sont de différentes grandeurs ; mais les plus en usage sont ceux qui ont onze pouces de long sur huit de large ; cette dimension procure le moyen de n'en employer que cinq pour garnir un côté ou une joue, et trois si l'on ne met qu'un rang, ce qui se fait très-souvent, en raison de ce que le feu peut les noircir ou les briser. On les remplace par de la tôle ou de la fonte pour former l'âtre, et il n'y a que la partie supérieure qui se garnit en carreaux. Il y en a qui ont dix pouces sur quatorze ; cette grandeur convient quelquefois, surtout pour les tabliers.

Quelle que puisse être leur dimension, les carreaux s'ajustent en diminuant les épaisseurs des joints, que l'on abat en chanfrein, pour

qu'il n'y ait que la face émaillée qui se rapproche de l'autre ; on se sert pour cela de ciseaux
à tailler la pierre, après quoi l'on emploie des
limes ou une brique sèche sur laquelle on frotte
adroitement les pièces les unes après les autres.
Pour placer ces carreaux, on fait disposer un
châssis en fer, sur lequel on fixe des bandes de
cuivre poli, et qui forment des feuillures pour
retenir les carreaux et en même temps parer
l'ouvrage. Le prix des petits carreaux, à Paris,
est de un franc pièce, et un franc cinquante
centimes pour les grands. Une cheminée ainsi
décorée peut coûter quarante à cinquante francs
au propriétaire, tôle et châssis compris. C'est
un beau genre de décoration, et, en outre, ces
cheminées jettent beaucoup de chaleur.

De l'intérieur des cheminées.

J'ai dit précédemment que le marbre ne résiste
pas au feu : c'est ce qui est cause que l'on ne
l'emploie qu'à garnir l'extérieur des cheminées.
L'intérieur se nomme *âtre :* car c'est de ce point
que partent les rayons de lumière occasionnés
par le feu ; ce nom est donc approprié à l'endroit où il se fait : les côtés se nomment *joues
intérieures des cheminées.* Aujourd'hui, on
ne laisse pas l'intérieur d'une cheminée dans
sa grandeur primitive. Aussitôt que les mar-

bres sont placés, ou en rétrécit la dimension au moyen de briques, de carreaux de faïence, de plaques de tôle ou de fonte; quelquefois même on y adapte des appareils de cheminée dont la forme et le nom varient à l'infini. Mais les cheminées que font les plâtriers se nomment *cheminées à la Rumford*, ou *cheminées à la prussienne*, selon les localités où l'on a l'habitude de leur donner une de ces dénominations. Mais je crois que le véritable nom que l'on doit donner à celle que j'ai représentée, est celui de *cheminée à la française*.

La figure 48, pl. VIII, représente un intérieur de cheminée *à la française*. J'en commencerai les détails nécessaires à l'intelligence de sa construction, én invitant à vouloir bien consulter la figure 51, qui représente le plan d'une cheminée tracée sur le plancher ou carrelage.

L'on voit premièrement les deux jambages (n° 1), ensuite les goussets (n° 2). Ces goussets sont occasionnés par le retrécissement qui se fait de toutes les manières que l'on peut désirer, et viennent former un chevron brisé à droite et à gauche, ainsi qu'on peut le voir. Le fond, où se trouve l'âtre, a vingt pouces d'une joue à l'autre en venant sur les jambages; et à quatorze pouces environ des murs du fond se trouve la ligne des angles brisés, qui porte vingt-huit pouces, ce qui donne un évasement de quatre pouces pour chaque côté ; de ce point, les deux parties viennent aboutir aux pilastres de la cheminée, qui est supposée avoir à cette partie trois pieds deux pouces d'ouverture. La ligne du milieu, tracée carrément, traverse les deux autres lignes qui ne sont que pointillées ; cette ligne s'élève sur les murs du fond pour donner aux joues la distance que l'on désire.

Quelle que soit la place d'une cheminée, elle a toujours un côté droit et un gauche ; sur le côté droit de celle que j'ai représentée, j'ai établi une ligne pointillée à côté de celle qui forme le chevron brisé, afin de démontrer que l'on peut ainsi donner cette forme aux rétrécissemens. Toutefois, je prie de remarquer qu'il y a moins de bénéfice, en ce que ce mode rétrécit moins que le chevron brisé, qui me semble préférable, tant à cause de la fumée, que pour être susceptible de recevoir une garniture en faïence, ainsi que je l'ai dit précédemment ; à ce côté droit, j'ai encore figuré un conduit à ventouse ; ce conduit peut être pratiqué dans les carrelages ou dans les épaisseurs des murs et sert à amener l'air extérieur dans les goussets, pour être ensuite distribué aux endroits dont je vais parler.

En retournant à la figure 48, même planche, qui représente l'intérieur de la cheminée, on pourra voir la ligne qui porte le n° 3; à cet endroit est une barre de fer droite ou cintrée, de six à sept lignes carrées, qui est posée sur la rive des deux angles intérieurs, à vingt ou vingt-deux pouces d'élévation. Sur cette barre, on établit un tablier en tuile ou plâtre, qui s'incline en montant à la ligne du rétrécissement des côtés de la cheminée, ainsi que l'indique la figure 49, même planche, qui représente la même cheminée vue de côté. Ce tablier va finir ordinairement à sept ou huit pouces du corps, et cette ouverture sert de passage au ramoneur. Le second tablier (n° 2) se fait en plaçant une pareille barre de fer, mais à trois pouces plus haut et à trois pouces plus en dehors, c'est-à-dire, plus près des pilastres. On donne à ce tablier une inclinaison en pente ou en gorge, qui vient se terminer en dessous et près de la traverse de marbre (Voy. figure 49); de manière que ces deux tabliers forment le gradin et ont entre eux une distance d'environ trois pouces. C'est de cette ouverture que sort l'air extérieur amené par les ventouses; mais dans cet entre-deux, l'on met toujours une planche en plâtre percée de dix-huit à vingt trous. La figure 50 de la planche VIII représente cette planche, que l'on scelle dans l'entre-deux fait par l'évasement des tabliers, dont le premier va d'un côté, et le second d'un autre. Cet espace donne les moyens d'établir la figure 50, de manière à être invisible, soit qu'elle se place par inclinaison, soit qu'elle se trouve horizontalement. C'est par ces trous que l'air extérieur se tamise pour entrer dans l'âtre de la cheminée, comme le représentent tous les points que j'ai figurés, afin de mieux faire comprendre l'effet de l'air, qui, entrant dans la cheminée, empêche la fumée de sortir de sa direction.

Il y a encore un autre moyen d'établir des ventouses, par des languettes que l'on pratique dans le corps de la cheminée. Cette languette, que j'ai représentée au pointillé, sous le n° 6 de la figure 48, même planche, peut être conduite jusqu'au haut de la cheminée, pour permettre à l'air de descendre dans les tabliers dont j'ai parlé plus haut. Cette ventouse peut facilement s'établir en construisant la cheminée; mais si l'on est obligé de la faire après coup, il serait à propos d'avoir un petit ouvrier, comme ramoneur, qui puisse se tenir dans la cheminée et y placer les briques qui doivent être régulièrement posées et bien enduites, afin d'éviter toute communication de l'air avec la fumée. Ce conduit d'air se continue d'étage en étage, jusqu'à la cheminée qui en a besoin. Ce mode de ventouse est supérieur, en ce que l'air se réchauffe dans le corps de la cheminée, en raison du feu qu'on y fait.

J'indiquerai un moyen d'utiliser en étuve la traverse de la cheminée au-dessous de la tablette, si toutefois cette traverse est en bois, en laissant vide ce massif et en établissant mobile cette partie que l'on fixe avec des briquets ou charnières, et qui s'ouvre et se tient fermée comme un battant de secrétaire, au moyen d'une olive à tourniquet, que j'ai figurée au milieu de ladite traverse.

Des mitres et rétrécis placés à l'extrémité des cheminées.

J'ai figuré le corps de la cheminée plus large que ne le comporte sa hauteur. Je ne me suis pas attaché à lui donner les proportions, parce que l'on verra bien que la dimension du papier ne le permettait pas; et l'on comprendra tout aussi bien que si j'y avais mis toutes les proportions. Le sommet de la cheminée représente une mitre placée au milieu, pour diminuer les ouvertures extérieures. Cette mitre (figure 48, pl. VIII) est formée par quatre planches en plâtre, dont deux grandes et deux petites; ces dernières se placent bien entendu au côté le plus étroit du corps, et les grandes du côté le plus large. Les grands côtés ont dix-huit pouces dans le bas et quatorze pouces dans le haut; leur hauteur est de seize à dix-huit pouces; les petits côtés ont neuf à dix pouces au bas, et six à sept en haut. Les unes et les autres s'assemblent en angle et s'assujettissent par des crampons qui maintiennent l'écartement du haut : le bas en est scellé avec une épaisseur de mortier ou de plâtre et de briques.

On coule ces planches dans des liteaux d'un pouce d'épaisseur, et, à cet effet, on gâche du bon plâtre avec un sixième de chaux éteinte. Ces mitres bien garnies peuvent résister quinze à vingt années au sommet des cheminées; mais je dois dire que celles en terre cuite sont préférables. Dans l'intérieur du corps de la cheminée, au-dessous de la mitre, l'on fait des rétrécis en briques, qui viennent aboutir à l'ouverture de la mitre. J'ai figuré cette opération par des petits points, afin de faire comprendre la direction de la fumée et le développement qu'elle doit subir; sans ces précautions, elle irait se heurter dans les angles et viendrait refouler celle qui se trouverait au milieu du passage; l'une empêcherait l'autre. En conséquence, j'invite les lecteurs qui auraient des mitres à établir, de disposer ainsi les passages de la fumée; c'est un très-bon procédé pour en éviter les mauvais effets.

FUMISTERIE.

Observation sur les causes de la fumée.

Quoique l'art du fumiste renferme un mystère, l'on compte aujourd'hui une très-grande quantité de bons fumistes qui empêchent les cheminées et les poêles de fumer, et qui même en garantissent les effets. Ce serait un talent très-grand, mais cela arrive si rarement que bien des gens se refusent encore à y croire. Il est cependant certain que l'on peut empêcher les cheminées ou autres constructions de fumer; et pour cela, il faut se livrer à l'étude des connaissances nécessaires, car il y a des principes dans cet art comme dans tout autre.

Tous ceux qui voudront s'appliquer à chercher les combinaisons, seront assurés de trouver les causes qui font fumer; et c'est par cette connaissance qu'ils pourront y apporter le remède nécessaire. C'est pour en donner une première idée que j'ai écrit la partie du fumiste;

l'art d'empêcher les poêles et cheminées de fumer ne doit pas y être oublié : c'est un talent trop utile et trop recherché pour qu'il ne puisse trouver sa place. J'établirais d'abord en première ligne, que les bons fumistes ont reconnu qu'il y avait dix causes qui pouvaient faire fumer les cheminées ; mais, avant de les détailler, je crois à propos de parler de la position que doivent avoir les dernières, et de l'influence que peuvent exercer les vents sur ces constructions, car bien souvent le vent est la première et unique cause de ces désagrémens. Combien de fois, en voyant une cheminée, m'est-il arrivé de dire : « Cette cheminée fumera. » Qui me portait à ce jugement ? sa position par rapport au vent.

Dans des appartemens, il arrive que l'on construit des cheminées selon la commodité, mais sans se rendre compte des causes qui pourraient faire fumer ; on se dit : « La cheminée sera bien là ; ce sera très-commode. » Et on fait établir. Or, comme il arrive presque toujours que les ouvertures d'une maison sont pratiquées au midi, les cheminées sont placées au nord ou au couchant. C'est précisément la position la plus désavantageuse, parce que toutes les fois qu'il n'y a pas d'ouvertures du côté où se trouve la cheminée, on peut assurer qu'elle fumera plus de ce côté que de celui dans lequel sont pratiquées les ouvertures. Il est donc mieux que les cheminées soient aussi au midi, parce que, de ce côté, les vents du nord ni du couchant ne pourront la faire fumer, à moins qu'il n'y ait dans le voisinage quelque éminence qui ne leur soit contraire. De plus, les vents du nord, nord-est, nord-ouest, sont les vents froids qui soufflent pendant l'hiver; il serait mieux d'éviter de placer les cheminées de ce côté, et si elles fumaient étant au midi, ce ne pourrait être qu'en été; et dans cette saison, il serait moins pénible de s'abstenir du feu que dans les grands froids.

Il arrive souvent que, pour s'agrandir, on construit après coup de petits bâtimens, tels que chambres, cuisines, etc., dans lesquels on pratique des cheminées; mais ces sortes de bâtimens sont pour la plupart adossés aux anciens, en forme de basses-gouttes, pour faire accorder la pente des couvertures, et presque toujours les cheminées sont placés contre le mur le plus éloigné et qui se trouve le plus bas de la maison. Il en résulte que ces cheminées ne s'élèvent pas à la hauteur de la couverture, parce que l'on ne prévoit pas l'inconvénient de la fumée; c'est au moment de s'en servir que l'on ne tarde pas à s'apercevoir qu'il est impossible d'y faire du feu, par la raison que l'extrémité de la cheminée se trouve dominée par le toit, et que le vent, arrêté dans sa course par la maison, se trouve chassé avec plus de violence et refoule la fumée dans l'appartement. Il est à remarquer que chaque fois que des cheminées seront construites de cette manière, s'il n'y a pas de ventouses ni de soupapes qui puissent remédier à la fumée, elles auront toujours cet inconvénient. Le meilleur remède, dans ce cas, serait de hausser le tuyau de la cheminée au moins à la hauteur du toit; si on ne peut le faire en maçonnerie, on se servira de tuyaux de tôle, s'il y a une cheminée voisine qui puisse recevoir la fumée de la première, au moyen d'une languette de séparation qui se continue jusque dans le haut.

Mais le meilleur moyen est de bien construire les cheminées et de faire en sorte que leur extrémité dépasse le faîtage des maisons, surtout si elles ne sortent au milieu du bâtiment, de manière que la fumée ne soit pas dominée par aucune éminence qui puisse chasser le vent dans le corps de la cheminée. Toutes les fois que la sortie de la fumée sera dans un endroit élevé, il sera facile d'empêcher la cheminée de fumer; mais, au contraire, si elles sont placées sur des basses-gouttes ou petits bâtimens, on éprouvera plusieurs inconvéniens, et encore ne pourra-t-on parvenir à les empêcher de fumer.

Il faut observer que la fumée est une espèce d'excrément qui sort de la matière qui brûle, qu'en général elle est infecte au point de ne pouvoir vivre avec un voisin aussi incommode. On doit donc prendre toutes les précautions imaginables pour éviter les inconvéniens qu'elle peut causer ; c'est à l'aide des tuyaux de cheminée que l'on parvient à se débarrasser de ces infections. Ces tuyaux seraient cependant insuffisans, si l'art du fumiste ne venait à leur secours. Ils doivent être disposés selon les dimensions du foyer : pour un poêle, par exemple, il faut un tuyau de quatre à six pouces de diamètre ; il est bien entendu qu'une petite cheminée doit avoir des tuyaux proportionnés à sa dimension.

Mais comme en beaucoup d'endroits on fait ramoner les cheminées par des enfans, il est de rigueur d'établir le passage nécessaire ; et, pour en pratiquer un facile, il faut que la cheminée ait au moins vingt pouces de long et sept à huit de large. Ces mesures, qui n'ont rien d'extraordinaire, peuvent être appliquées aux cheminées des chambres ; quant à celles des cuisines, il faut leur donner un tiers de plus en longueur : deux pieds et demi ou trois peuvent convenablement en former la dimension. Comme ces dernières sont sujettes à fumer autant que les autres, j'ai adopté pour les rétrécir une méthode que j'indiquerai ci-après.

Je passe maintenant à la fumée que le feu donne en consumant les matières qu'on lui livre, telles que le bois, le charbon de terre, la tourbe, etc. Cette fumée doit être aussitôt introduite dans le corps de la cheminée, afin de s'évaporer au plus vite; et, pour s'élever, il faut qu'une colonne d'air, venant de l'extérieur, remplace celle qui conduit la fumée : car c'est l'air qui l'enveloppe et qui la fait monter continuellement; en sorte que cet élément est à la fumée ce que l'eau est au bois ou autres objets qu'elle supporte. En coulant, elle transporte et entraine les corps qu'on peut lui confier, tels que bois, bateaux, etc.; et de même qu'il faut conduire ces convois, de même aussi il faut diriger la conformation des cheminées, pour qu'elles conduisent la fumée dans des régions où elle ne puisse incommoder. Sans air, la fumée ne sortirait pas, le feu même s'éteindrait; c'est ce qui fait voir que cet élément est indispensable.

Mais, me dira-t-on, le feu brûle dans la cheminée et l'appartement est rempli de fumée. A cela je répondrai qu'il y a toujours assez d'air pour maintenir l'alimentation du feu, mais

qu'il n'y en a pas suffisamment pour envelopper la fumée. Outre cette cause, il y en a un
grand nombre d'autres que l'expérience démon-
trera. Cette observation était dans le but de
préparer aux suivantes et de prouver que l'air,
étant le conducteur, devait nécessairement empêcher les cheminées de fumer. Plus on mettra
d'application à l'étude de cet art, plus on sentira la justesse de mes opinions.

Autre observation.

Je dois faire une autre observation au sujet
des passages de l'air. J'ai dit précédemment que
l'air était le conducteur de la fumée. Comment
alors la partie de cet élément qui est dans le
haut fait-elle place à celle qui monte, car celle
qui plane sur les extrémités devrait descendre,
puisqu'elle se trouve placée sur un conduit
réel ? Cette observation est vraie ; cependant, je
dois dire que la descente de l'air n'a lieu que
quand les vents trouvent une résistance, ainsi
que je l'ai expliqué (page 245), ou quand
ils soufflent avec violence. J'ajouterai que la nature a divisé cet élément en deux parties, et
que celle qui approche la surface de la terre est
plus lourde que celle qui se trouve dans une
région élevée ; par la même raison du poids que
contient chacune de ces portions, celle du bas

doit être plus compacte que la partie qui règne immédiatement au-dessus. Dans une cave, l'air est plus pesant que dans une chambre haute. Ce fait est reconnu, et l'on comprend aisément que l'air qui plane sur les parties basses de la terre, étant plus chargé d'humidité, doit avoir un poids supérieur à celui qui se trouve dégagé de tout corps étranger.

Après que l'on a eu fait toutes ces recher-ches, on s'est convaincu que la chaleur du feu pressé par l'air, allégeait ce dernier, en le dé-pouillant de son humidité, et que plus il y a de feu, plus il faut d'air, en raison que la grande chaleur le fait circuler en plus grande quantité. C'est donc avoir suffisamment établi que ces deux élémens se combinaient par réaction, que l'air alimente le feu, et que ce dernier fait cir-culer le premier, en en changeant la consistance au point de l'alléger et de lui faciliter une as-cension spontanée dans les régions aériennes où son poids particulier lui fait prendre place. C'est ce qui ne tarde pas à arriver, car une fois l'air sorti de la cheminée, il se trouve mélangé, et se place suivant son degré de légèreté; la fumée, privée de son conducteur, s'évapore comme les autres vapeurs qui émanent de la terre.

A mesure donc que le feu brûle, l'air se renouvelle ; soit en passant à travers les joints des portes ou fenêtres, soit par les crevasses, ou autres issues. Mais à ce défaut il faut des ventouses, qui amènent de l'air extérieur pour remplacer celui qui conduit la fumée ; et, ainsi que je l'ai dit, la quantité doit en être proportionnée aux dimensions de la cheminée, afin d'établir devant l'âtre un rempart aérien qui force la fumée à prendre son cours dans le tuyau disposé à cet effet et que l'on doit établir dans des proportions justes et combinées. Les ventouses deviennent insupportables, du moment qu'elles donnent autant de froid qu'une ouverture de porte et de croisée, et, dans ce cas, il est plus sage de rétrécir la sommité des cheminées, ou, autrement, d'établir des courans d'air, soit au plafond, soit dans le bas des joues des cheminées, sans que cela puisse nuire à l'aisance du foyer. J'ai indiqué les moyens de pratiquer les ventouses (page 241); on voudra bien s'y reporter.

On est dans l'usage d'établir des tabliers simples ou doubles, sans que pour cela il y ait des ventouses. Le tablier simple est celui que l'on monte sur une barre de fer et qui s'incline en avant vers la traverse du chambranle; le double tablier se monte sur une seule barre de fer, et sa première partie s'incline en pente dans l'intérieur et vient aboutir à l'endroit le plus étroit du corps de la cheminée ; la seconde, qui repose sur la même barre de fer, vient, ainsi que je l'ai dit tout à l'heure pour le tablier simple, se terminer le long de la traverse du chambranle. Ces tabliers, que l'on nomme aussi *masques*, se font ordinairement en tuiles droites ou en briques minces, et souvent en planches de plâtre.

Première cause qui fait fumer les cheminées.

Les cheminées les mieux construites sont sujéttes à fumer chaque fois qu'elles manquent de l'air nécessaire à leur fonction. Ce défaut vient de ce que les appartemens bien clos ne laissent échapper par aucune ouverture la quantité d'air indispensable, ou de la trop grande dimension intérieure des cheminées. Le remède, dans ce cas, est de rétrécir l'intérieur, afin que l'air contenu dans la chambre soit suffisant à l'alimentation du feu et au développement de la fumée. Les ventouses remplissent ce double but ; mais comme l'air froid qu'elles apportent n'est pas agréable, il faut prendre la précaution de le réchauffer, en le faisant courir au-dessous de la plaque du foyer ou derrière celle qui retient le feu, ou mieux encore par des bûches creuses en fonte, qui se placent

dans le feu, qui les réchauffe continuellement et donne de la chaleur à l'air qui les
traverse et que l'on fait sortir par l'un des côtés de la cheminée, ou que l'on conduit entre
les deux tabliers (figures 48 et 49, pl. VIII).

Un autre moyen de réchauffer l'air extérieur
que l'on veut répandre dans les appartemens
consiste dans l'établissement d'une boîte ou encaissement, ainsi qu'on peut le voir (figure 49,
pl. VIII). Cette boîte, qui a environ vingt pouces de hauteur, règne dans toute la largeur
du fond de la cheminée, dont elle forme la
plaque. Son épaisseur, d'environ quatre pouces, est formée par deux plaques très-minces,
en fonte ou en forte tôle; dans cet encaissement
sont pratiquées des distributions qui font circuler plusieurs fois l'air, qui vient sortir par
une ouverture basse que j'ai figurée : de manière
que si l'on peut faire circuler la flamme et la
fumée, en établissant ce signe renversé (figure 49, pl. VII), on parviendra à faire un
petit calorifère.

Deuxième cause.

La seconde cause qui fait fumer les cheminées consiste dans le peu d'élévation que peut
avoir leur orifice extérieur, qui se trouve do-
miné par les toits, ce qui occasionne un refou-

lement dans leur intérieur et fait sortir la fumée par flocons.

Le remède est d'élever le corps de la cheminée au moins aussi haut que le faitage de la maison; plus la cheminée en sera éloignée, plus elle devra dépasser cette hauteur, en sorte que, si elle se trouve auprès de l'extrémité de la toiture, un pied suffira pour que le vent ne puisse maîtriser l'air. Souvent on les élève avec des tuyaux de tôle ou de terre cuite; mais il faut observer, dans ce cas, qu'une cheminée qui porte à son âtre trente pouces d'ouverture sur vingt-deux d'élévation au-dessous des tabliers (ce qui peut produire cinq pieds carrés de surface), oblige à mettre un tuyau de huit pouces pour le moins à sa partie la plus étroite, et dont la base doit former l'entonnoir, pour se rapprocher de la forme de la cheminée. Pour une cuisine, il faudra un tuyau d'un pied de diamètre, et de même disposé en entonnoir, afin d'éviter de faire des plafonds intérieurs, tels qu'on peut le voir figuré au-dessous des mitres (fig. 48, pl. VIII).

Troisième cause.

Une troisième cause qui fait fumer consiste dans la correspondance, par les ouvertures, de deux ou plusieurs cheminées, selon les maisons;

de façon qu'une fois les ouvertures extérieures interceptées, il ne peut y avoir de feu sans qu'il fume; et si l'on en fait dans toutes, celle qui aura le plus de feu fera fumer les autres. On peut ici établir pour ces cheminées une comparaison tirée de deux personnes, dont l'une aurait un bon appétit, et l'autre point du tout : il est évident que le premier consommerait plus que le second, en raison de sa bonne disposition. Il en est de même de la cheminée qui a le plus de feu; elle attire l'air des autres, et les force à fumer. En outre, la disposition favorable qu'elle peut avoir, en raison des vents contraires qui soufflent d'un côté ou d'autre, peut entrer pour beaucoup dans cette attraction. Mais, en général, lorsque les cheminées sont bien établies, ce contre-balancement provient du manque d'air dans les appartemens, ou de ce que les tuyaux des cheminées, trop grands, en consomment une trop grande quantité et en produisent une disette; et il faut observer qu'une cheminée qui a un grand feu attire tellement l'air, que, même toutes les ouvertures fermées, on entend un sifflement semblable à celui que fait un grand vent. L'on peut toutefois remédier à ces inconvéniens.

Le premier remède est de rétrécir l'intérieur des cheminées, et principalement celle qui attire l'air des autres, en usant du moyen donné (figure 60, pl. IX), où l'on voit un appareil formant l'entonnoir renversé, et qui ordinairement se fait en tôle. On réussit assez souvent en rétrécissant le passage, qui, par cette raison, ne peut consommer autant d'air que la ventouse où les ouvertures en fournissent. Ces rétrécis peuvent se faire soit par des briques, soit par des plaques de tôle mobiles, que l'on fait mouvoir à volonté. On emploie un autre procédé lorsque les cheminées sont adossées : on les marie soit dans le bas, soit dans le haut, de manière à ce qu'elles communiquent l'une à l'autre. De cette manière, l'air ne pourra pas descendre, et le corps, devenu inutile, pourra s'employer pour faire les ventouses.

N'ayant pas toujours réussi en usant des moyens et précautions que je viens d'indiquer, j'ai été forcé d'appliquer un autre remède dont je vais donner le détail.

Ce remède consistait en une trappe ou coulisse pratiquée dans l'épaisseur du mur, dans lequel se trouvait placée la porte. Cette trappe fermait ou ouvrait, selon le mouvement de la porte, un conduit d'air semblable à une ventouse, et qui allait aboutir à une partie extérieure, la plus favorable à cette opération ; à cette partie de la porte, et précisément au lieu de l'ouverture, se trouvait adaptée une plaque de tôle qui venait hermétiquement fermer cette ventouse, toutes les fois que la porte se rapprochait de son chambranle, et qui l'ouvrait toutes les fois qu'on lui imprimait un mouvement contraire.

En raisonnant cette opération bien simple, on se convaincra de son utilité; car il est facile de concevoir que le courant d'air venant du dehors régira le contre-balancement que l'on cherche à éviter, et sans que cette ventouse fasse rien perdre de la chaleur de l'appartement.

J'ai fait aussi quelquefois l'essai de deux cheminées adossées l'une à l'autre, en établissant des foyers mobiles, en sorte que cet appareil, placé par exemple dans une salle à manger, échauffait cette pièce; et sitôt que l'on la quittait, on retournait le foyer dans celle qu'on allait occuper; de cette manière, le même feu échauffait deux chambres : le plus difficile était de bien disposer l'appareil.

En faisant de petites cheminées dans les grandes, on peut les empêcher de fumer. Elles peuvent être de seize à dix-huit pouces carrés d'ouverture, et seraient à peu près dans le genre des cheminées en fonte ou en tôle qui se vendent dans le commerce. Un plâtrier peut également en faire d'aussi petites et à moins do frais, en ayant le soin de bien resserrer le passage de la fumée. Un autre moyen est de mettre une trappe mobile en tôle, posée sur la plaque du fond, et tenue dans le haut par une tringle de gros fil de fer de deux lignes de diamètre. Ce fil de fer, qui traverse la cheminée, forme un petit anneau sur le tablier, de manière que lorsqu'on trouve que l'une fait fumer l'autre, l'on tire cette tringle pour approcher la plaque en tôle sur le devant, aussi près que peut le permettre l'espace nécessaire au développement de la fumée : car il faut observer que le feu, qui attire l'air, ne se contente pas de prendre ce qu'il lui faut pour faire monter la fumée; il en attire quelquefois quatre fois plus. C'est à l'artiste de savoir mettre à profit ce surplus d'air, qui fait souvent fumer les cheminées voisines. Cette cause de fumée est une des plus difficiles à éviter; c'est dans ce but que j'ai indiqué plusieurs moyens, afin que l'ouvrier puisse en tirer parti, surtout s'il connait un peu cette partie.

<h3 style="text-align:center">Quatrième cause.</h3>

Une quatrième cause qui fait fumer consiste en ce que les corps des cheminées sont trop grands, et qu'ils ne peuvent être diminués en raison de leur utilité. De ce nombre sont les cheminées de cuisine : l'on en voit souvent qui ont cinq et six pieds carrés d'ouverture, et sans aucune forme de jambages. Si le corps de ces cheminées conserve la même largeur jusqu'à son extrémité, il n'y aura pas de danger que la cheminée fume, en raison que la fumée montante n'emploie que la moitié de cet espace, et qu'il reste de côté et d'autre une distance qui produit l'effet d'une ventouse, en laissant descendre un courant d'air qui suffit pour empêcher de fumer ; mais chaque fois que le tuyau n'aura qu'une largeur ordinaire de trois à quatre pieds, elles y seront grandement sujettes. Le seul remède que je puisse indiquer est de construire en briques l'appareil représenté fig. 59, pl. IX. L'on établit des supports chantournés (n°. 1), afin que ces jambettes aillent plus loin que leur aplomb, pour disposer la fumée à venir passer dans cet appareil. Ces jambettes sont à quinze pouces au-dessus du niveau de l'âtre, comme on peut le voir coté à gauche de la cheminée. Ces contours sont établis par des barres de fer de la largeur convenable, et s'élèvent à trois pieds. A cette distance on voit la traverse, de même en fer, et qui supporte le devant sur lequel il n'y a pas de tablette. Le corps de cheminée est assez grand avec deux pieds de large, et la saillie qui est figurée sur le côté gauche porte ordinairement quinze ou dix-huit pouces. Si l'on a de grandes marmites ou chaudières à mettre sur le feu, j'ai établi une ligne pointillée, afin d'indiquer que l'on peut pratiquer des ventouses de chaque côté, et qui viennent sortir dessous les jambettes cintrées, d'où l'on voit sortir les flèches qui se dirigent sur le feu pour l'attiser et faire monter la fumée. Ainsi cet appareil, qui n'a d'autre saillie que son épaisseur de quinze à dix-huit pouces, laisse au bas toute la longueur de l'ancienne cheminée, sans en empêcher la jouissance.

Il y a un autre remède pour les grandes cheminées a jambages, en établissant des joues de côté, comme j'ai figuré à la cheminée *à la française* (figure 48, pl. VIII). On ne leur donne naissance qu'à partir de quinze pouces d'élévation, et on introduit des ventouses qui soufflent dessous les goussets, et dont l'air, après avoir frappé le sol, se relève en touchant le feu, à peu près comme je l'ai figuré en traçant les jambettes, où l'on voit une ventouse pratiquée. Si cette opération est insuffisante, il faut établir d'autres courans d'air, soit au plafond, soit en tout autre lieu qui ne puisse incommoder.

J'ai souvent empêché les cheminées de fumer, en élevant le foyer de huit à dix pouces au-dessus du niveau du carrelage, et en établissant des ventouses qui font sortir l'air de dessous cet exhaussement, dont on voit les effets par les points indiqués. Cette élévation doit avoir au moins deux pieds de large pour les grandes cheminées.

Cinquième cause.

Bien des fois on a de la fumée dans une pièce où l'on ne fait pas de feu. Elle s'y introduit parce que la cheminée est voisine ou plus souvent adossée à une dans laquelle il y en a : alors la fumée qui s'échappe de cette dernière, passant par-dessus l'ouverture de la première, y redescend, et enfume l'appartement. Ordinairement les vents en sont la cause, et les ouvertures de la chambre peuvent aussi entrer pour quelque chose dans ce désagrément, en ce qu'elles offrent un passage à l'air extérieur qui conduit la fumée passant au-dessus du sommet de la cheminée.

L'on peut appliquer un remède, en faisant une division en haut des cheminées, et en fermant par plusieurs mitres l'embouchure de l'une et de l'autre, et en donnant à chacune de ces mitres une inclinaison inverse et le plus d'éloignement possible. Il faut de même faire attention quel est le vent qui amène cet inconvénient; ce doit être toujours celui qui souffle du côté de la cheminée qui a la fumée, et qui passe au-dessus de celle qui n'en fait pas. Quelquefois aussi c'est la cheminée correspondante qui fait le contre-balancement dont j'ai parlé à la troisième cause. Dans ce cas, on remédie à cet inconvénient en posant avec combinaison des mitres ou tuyaux. Le même désagrément peut exister lorsque l'on introduit une cheminée dans le corps d'une autre, pour économiser un deuxième tuyau : il est rare que cela puisse faire un bon effet ; le meilleur remède est de séparer les communications du passage d'air et de la fumée, parce que le courant de l'un est nuisible à l'autre. J'ai vu faire ces sortes de séparations en briques, que l'on élevait à plusieurs pieds de hauteur.

Sixième cause.

Une sixième cause de la fumée existe quand les cheminées sont à une certaine distance d'un édifice ou d'une autre éminence plus ou moins éloignée, et sur lesquels le vent, venant avec force, se trouve relancé comme une bombe sur la cheminée qu'il rencontre sur son passage, et refoule la fumée dans l'appartement.

On remédie à cet inconvénient en couvrant les cheminées avec des chapeaux doubles et à rebord, afin que ces rebords éloignent le vent, et laissent librement sortir la fumée. On a souvent réussi en élevant le côté du mur placé vers l'éminence, parce que cet exhaussement abrite la fumée et lui procure une sortie aisée. Ces cheminées, à force de combattre la force du vent mal dirigé, ont besoin d'un fort tirage, que l'on obtient en pratiquant de fortes ventouses et en diminuant la cheminée. Il s'est vu quelquefois que l'on était obligé de changer les ouvertures, et même de transporter les cheminées d'un mur sur un autre; dans ce cas, c'est au fumiste à juger des précautions à prendre et des moyens à employer pour réussir.

On a imaginé des ouvertures à trappe mobile, que l'on fait agir à volonté au moyen d'un fil de fer; on se sert aussi de volans qui tournent dans des tuyaux pour combattre le vent et attirer la fumée; mais je dois dire que ces cheminées sont bien assujettissantes et de peu de ressources. Les cheminées à tabliers mobiles sont donc les préférables, par la raison que l'on peut en diminuer l'ouverture à volonté.

Septième cause.

La septième cause qui fait fumer les cheminées peut se trouver dans celles qui sont établies à l'extrémité d'un corps de bâtiment alongé, et qui pourraient se trouver sur un pignon qui n'aurait aucune ouverture. Quoique bien établies, ces cheminées devront fumer chaque fois que le vent soufflera du côté de ce pignon, parce qu'il trouvera un chemin qui le dispose à descendre dans le corps de la cheminée, d'où il se répandra par toutes les ouvertures qu'il trouvera sur son passage. Cette masse d'air descendant refoulera donc la fumée qui tend à monter.

On a souvent remédié avec succès à cet inconvénient, en employant une tête de loup, tournant en raison de ce que l'embouchure en est disposée de manière à suivre la direction du vent et faciliter la sortie de la fumée. Mais le remède le plus sûr est de supprimer l'ouverture de la cheminée, en établissant, avec des tuyaux, un second corps, qui, partant du grenier dans la cheminée, viendrait sortir à dix ou douze pieds de distance de l'ancien; de manière que cette nouvelle ouverture doit venir au moins au-dessus de la moitié de l'appartement.

Cette opération change la disposition du vent, par la raison que cette ouverture n'est plus au commencement du bâtiment, puisqu'elle se trouve à dix ou douze pieds de là. Il est bien entendu que l'ancien corps de cheminée sera bouché au-dessus du passage du nouveau, toutes les fois surtout que le vent qui occasionne la fumée sera régnant. Dans ce cas, une trappe mobile et à bascule peut y être adaptée, ou bien on condamnera avec de la maçonnerie l'ancien corps de cheminée, pour ne plus se servir que du nouveau. Par cette opération, l'on voit qu'une cheminée ou un poêle peut avoir deux corps pour certaines causes de fumée. En cas que l'on veuille donner à la fumée deux issues, sans établir de cheminées montantes, il faudra les pratiquer de manière à pouvoir les fermer à volonté, et, lorsque le vent souffle d'un côté, faire passer la fumée dans l'autre qui se trouve toujours à l'opposé du vent : par ce moyen, on empêchera sûrement les cheminées de fumer.

Huitième cause.

La huitième cause peut être attribuée à une porte pratiquée dans un appartement, et qui, lorsqu'elle est ouverte, laisse l'air se précipiter avec trop de violence sur le feu, et chasse la fumée hors de sa direction. Dans ce cas, le remède serait de changer l'ouverture de la porte, afin qu'elle ne souffle plus directement sur la cheminée ; autrement, ce serait de faire des jambages, pour que la cheminée fût plus profonde et que le feu en fût ainsi abrité. Il y a aussi des portes qui font fumer chaque fois qu'on les ferme promptement, et d'autres qui font le même effet quand on les ouvre; pour parer à cet inconvénient, il faudra de même changer leur manière de s'ouvrir et de fermer.

Neuvième cause.

La neuvième cause qui fait fumer les cheminées qui sont bien établies, c'est d'être souvent trop bouchées à leur extrémité par les distributions que l'on y fait, ou dans leur intérieur par les épaisseurs de suie, qui ne laissent plus le passage nécessaire à la fumée, et qui l'obligent à sortir dans les chambres. On reconnaît l'existence de ce défaut, quand les portes ouvertes ne font pas plus d'effet qu'étant fermées, et c'est par là que l'on peut supposer que le passage est intercepté. J'ai vu des cheminées dont l'ouverture était fermée par des toiles d'araignée, au point de ne pouvoir y faire de feu. Le remède, dans ce cas, est très-simple : c'est d'établir les courans de grandeur convenable ou de les ramoner.

Dixième cause.

La dixième cause qui fait fumer les cheminées, est le soleil, surtout en été, lorsqu'il darde avec chaleur. Une fois que les matériaux qui composent l'extrémité de leur corps sont échauffés, ces cheminées se trouvent interceptées dans leur courant d'air, surtout lorsqu'il y a peu de feu, par la raison que la chaleur qui règne à leur extrémité supérieure est plus forte que celle qui existe dans le bas : la fumée, privée de son conducteur, se répand alors dans la chambre, et on se rappelle quelle peut en être la cause, d'après ce qui en a été écrit dans les deux observations précédentes. Le remède consiste à mettre premièrement une mitre étroite au haut de la cheminée, puis à avoir un appareil en tôle fait comme celui que représente la figure 60. Cet appareil se place dans la cheminée au-dessus de l'âtre, et se fixe à volonté, plus ou moins bas, selon la nécessité. Ces deux objets sont suffisans pour remédier à cet inconvénient.

Voici, pour ainsi dire, toutes les causes qui font fumer les cheminées, poêles, etc.; j'ai approprié à chaque cause le remède que l'on pouvait apporter : je ferai observer néanmoins que souvent l'on évite toutes ces causes au moyen des rétrécissemens, ou par l'emploi des tabliers, qui se baissent à volonté, de manière à atteindre les contre-balancemens qui sont occasionnés par les trop grandes ouvertures. Mais comme il y a des cas qui obligent à avoir de grandes cheminées, on est forcé de connaître les opérations que je viens de détailler.

Le premier soin que doit avoir un fumiste lorsqu'il est appelé pour empêcher une cheminée de fumer, c'est d'en examiner les causes, en observant le cours des vents. La cause une fois trouvée, le remède sera facile à appliquer; et pour cela il faut du goût, de l'imagination et un raisonnement juste et précis, afin de ne pas engager les propriétaires dans des dépenses inutiles.

Des poêles.

Les poêles, qui deviennent de plus en plus en usage, par la grande économie qu'ils procurent et parce qu'ils donnent une plus grande chaleur, sans consumer autant de combustible, sont aussi moins sujets à fumer que les cheminées; mais il s'en trouve souvent qui ne permettent pas d'y allumer du feu. Afin de remédier à cet inconvénient, j'invite le lecteur à vouloir bien se reporter à ce que j'en ai dit aux diverses causes de la fumée : la cause une fois trouvée, le remède sera d'une application facile. Mais, généralement, les poêles ne fument pas quand on a le soin d'en faire sortir le tuyau à hauteur convenable; s'il se manifeste un contre-balancement, le remède est d'établir le tuyau dans le corps de la cheminée qui fait fumer le poéle. On a, de plus, l'avantage de pouvoir donner aux tuyaux toutes les directions que l'on désire, pouvu toutefois que leur sortie dépasse l'élévation de la maison à laquelle ils appartiennent. Le temps et l'usage nécessitent, surtout pour ceux en faïence, des réparations qui sont de la compétence du fumiste, et pour lesquelles on emploie la tôle, les briques scellées avec de la terre de poterie un peu amaigrie.

Des poêles qui se montent sur place.

Ceux que l'on nomme ainsi sont des poéles plus ou moins grands, qui s'établissent sur place, et dans la construction desquels on ménage des courans d'air pour obtenir des bouches de chaleur. On les nomme aussi *calorifères*, en raison des colonnes de fonte qui sont établies dans l'âtre, et dans lesquelles l'air doit passer pour se réchauffer. La forme en varie suivant les goûts ou les localités ; ils se montent à l'aide des pièces nécessaires à leur construction, et qui, le plus généralement, sont au nombre de trois, savoir : le socle, les carreaux unis pour le corps, les carreaux qui se terminent en formant une corniche et une frise. Ces pièces se fabriquent en général à Paris, et coûtent chacune, de trente à quarante centimes en terre ; en faïence, leur prix est plus élevé d'un tiers.

De la pose des poêles.

Pour placer les poêles, il est inutile de dire que l'on doit être muni de toutes les pièces qui doivent les composer, je veux parler de la fonte, de la tôle, des bouches de chaleur, des briques, de la terre, des fers, etc. Quand on est pourvu de ces objets, et que l'on a choisi l'emplacement et désigné la forme que l'on veut donner au poêle, on fait un tracé des différentes dimensions sur le carrelage en se guidant sur l'épaisseur des carreaux, à commencer par le socle : celui-ci étant posé de niveau et bien scellé, on établit l'âtre, et on place la première plaque du calorifère sur une saillie de briques, pour qu'il y ait des vides nécessaires à l'introduction et à la circulation de l'air dans chacune des colonnes. Cette plaque une fois établie, l'on continue par le placement des colonnes, dont on a le soin de graisser les rebords avec de la terre argileuse, pour qu'il ne puisse exister de trous qui nuiraient à la réussite.

Ainsi, les colonnes en place, on pose les dernières plaques qui complètent le calorifère ; puis on continue la pose des carreaux servant à former le poêle, et que l'on a soin de sceller

avec des crampons. Lorsque l'on arrive à la
corniche, c'est l'endroit où se pratiquent les
bouches de chaleur : ces dernières peuvent être
entaillées à l'avance dans les carreaux, quoiqu'il y ait des ouvriers qui ne les établissent
qu'après avoir posé et scellé le tout. Ensuite,
l'on établit des cloisons de séparation, pour
que l'air introduit par les ouvertures extérieures circule dans les parties les plus chaudes,
afin d'acquérir un degré de chaleur le plus élevé
possible. Ces distributions intérieures sont recouvertes, soit par des plaques de tôle, soit
par le marbre, soit enfin par des carreaux
dits *de recouvrement* : ces différentes pièces,
bien scellées, terminent l'établissement de ces
poêles.

On peut prolonger à la distance que l'on veut
les bouches de chaleur au moyen de tuyaux,
pourvu que la direction en soit montante; car
la chaleur, tendant toujours à s'élever, ne
pourrait que très - difficilement descendre, à
moins que l'on ne veuille établir des pompes
d'appel.

Depuis quelques années, on construit dans
les grands établissemens des calorifères en fourneau, qui réchauffent plusieurs appartemens.
Ces appareils présentent une grande économie
et peuvent se chauffer promptement.

Des poêles potagers.

Il y a quelque temps que l'on vend dans le commerce des poêles potagers qui sont d'une grande utilité. On peut y cuire ou rôtir cinq à six plats, chauffer plusieurs marmites et faire de la pâtisserie, sans nuire à l'échauffement de l'appartement où ils sont placés.

Ces appareils sont très-économiques et conviennent parfaitement aux habitations champêtres ; ils sont, pour la plupart, construits en fonte, et se chauffent avec du bois scié à leur longueur. Toutefois, il s'en fait en maçonnerie, qui peuvent à peu près produire le même effet : on en voit dans les grands établissemens.

Je n'entreprendrai pas de décrire leur construction, parce que je craindrais de n'être pas assez compris, en raison de la distribution, de la proportion et de la communauté des divers passages qui s'y trouvent ; l'explication la plus étendue ne pourrait être suffisante. Ce n'est qu'en en voyant un modèle, que l'on pourra en concevoir une idée. On vend, à Paris, de ces modèles en plâtre, qui se démontent par pièce, afin de mieux faire comprendre la forme des distributions intérieures.

Des fourneaux ordinaires.

Les fourneaux ou potagers sont généralement faits de deux manières, savoir : les fourneaux portatifs et les fourneaux à demeure. Ceux-ci se construisent, soit en plâtre, soit en mortier et briques, soit enfin en pierre. Leurs voûtes, qui se font en plâtre ou toute autre matière, sont supportées par des barres de fer destinées à cet effet; enfin, leur construction s'achève par les garnitures du bas, qui sont en tôle, ainsi que les portes.

Lorsque l'on veut établir un de ces fourneaux, on se rend d'abord compte du nombre de chaufferettes que l'on veut y pratiquer et de la dimension que celles-ci doivent avoir. A cet égard, on consulte le cuisinier; et ce sont toujours les chaufferettes dont on a le plus souvent besoin qui doivent être placées le plus commodément : les poissonnières se placent habituellement le long du mur; toutefois, cette disposition n'est prise qu'en raison de leur plus ou moins grande utilité.

Une fois que l'on est assuré de la largeur et de la longueur que doivent avoir les fourneaux, ainsi que de leur hauteur, qui ne peut excéder vingt-huit à trente pouces, on trace sur le carrelage les lignes de construction et sur le mur les lignes d'élévation. Les fourneaux ont toujours un emménagement bas intérieur destiné à mettre l'approvisionnement de charbon ou de braise nécessaire, et un supérieur pour recevoir les cendres qui tombent des chaufferettes. Cette partie basse porte ordinairement quinze pouces de hauteur, à partir du carrelage, et la partie supérieure dix : ce qui fait vingt-cinq pouces pour ces deux objets. Le reste sert à la confection des voûtes, dont celle du milieu peut avoir dix-huit lignes, et la supérieure, deux pouces ; en tout vingt-huit pouces et demi. Pour que ces fourneaux soient bien propres, il faut qu'ils soient garnis de carreaux de faïence scellés avec du plâtre, et sciés avec une scie ordinaire pour pouvoir être ajustés, selon le besoin, à l'aide de tenailles et de limes. Pour les placer correctement, ils doivent être posés de niveau sur la ligne indiquée par les rebords des chaufferettes, et non pas au-dessous, afin que la faïence égalise la surface du fourneau.

De la fumisterie adaptée aux potagers.

Je parlerai d'un petit fourneau, ou coquille, qui est d'une grande utilité pour rôtir la volaille, le gibier, etc. Je l'ai représenté fig. 45, planche VII. Cette coquille, qui se fait en fonte, en tôle ou en terre cuite, peut être également en plâtre ; seulement elle sera de moindre durée. Pour l'établir, on creuse dans l'épaisseur du mur ce four, dont la hauteur est d'environ un pied sur seize pouces de large et quatre de profondeur pour le bas et l'intérieur ; le haut se termine en cintre, pour éviter de faire un plafond et conserver davantage la chaleur. Dans sa partie basse, pour supporter le charbon et procurer le courant d'air nécessaire à l'alimentation du feu, se trouve une grille ; en avant, quelques petites tringles, en gros fil de fer, servent à retenir le charbon, ainsi qu'on peut le voir à la figure précitée. Ces petits appareils sont très-économiques et très-expéditifs.

Des fourneaux portatifs.

Les fourneaux portatifs sont d'une grande utilité, et les plâtriers doivent toujours en avoir de faits à l'avance, car ils se vendent plutôt ainsi que par commande.

Pour bien établir cette espèce de fourneau, l'on fait faire par un menuisier le bâtis. Celui-ci est composé de quatre pieds et quatre traverses au milieu, et quatre autres pour le haut ; les pieds doivent avoir deux pouces carrés, les traverses, deux pouces de large et quinze lignes d'épaisseur, avec des rainures pour recevoir des briques minces, tuiles, etc. La figure 42, planche VII, représente un modèle de ces potagers, auquel on a donné trois pieds de long, comme devant être muni de trois chaufferettes, et dont la hauteur est de vingt-huit pouces. Au milieu, se trouve une porte cintrée, de huit pouces, garnie d'un cercle de fer, dans l'épaisseur du bâtis, faisant vive-arête, et recouvrant la traverse du bas. Au côté droit, on voit une largeur de seize pouces, ce qui est bien suffisant pour un fourneau à trois chaufferettes.

Afin de rendre ces fourneaux moins lourds, il ne faut pas descendre la traverse plus bas qu'un pied ou treize pouces au plus, ce qui donnera seize pouces d'élévation pour le plancher en brique, et environ neuf pouces pour le logement des cendres. Dans ces appareils, comme en tous autres, on peut établir des chaufferettes rondes à cheminée, en pratiquant celles-ci au fond de leur saillie, autrement dit, du côté de leur adossement. Il y a encore plusieurs perfectionnemens, tels que les couvercles, les portes, les fourneaux à cuire le bouilli.

**Mise en couleur de l'intérieur des cheminées.
—Emploi de la mine de plomb.**

On met l'intérieur des cheminées en couleur, par la raison qu'elles en sont moins salissantes;

mais ce n'est pas un avantage sous le rapport
de la chaleur. En effet, une cheminée bien
blanche répercute bien plus la chaleur qu'une
peinte en noire; au contraire, celle-ci absorbe
tout le calorique. On peut cependant trouver
un moyen de réunir la propreté à l'échauffement de la cheminée : ce serait de construire
l'âtre avec des plaques de fonte minces, qui ne
pourraient communiquer leur chaleur au massif
qui se trouve derrière, attendu que l'on devrait
ménager à cet endroit un intervalle pour que
les deux autres parties ne pussent se toucher.
Mais le meilleur est de se servir de carreaux
de faïence, qui, pouvant être lavés, sont toujours propres.

La teinte que l'on donne ordinairement aux
cheminées est celle du gris de fer ou d'ar-
doise, et quelquefois on les peint en noir. Toutes ces couleurs se mêlent dans l'enduit de plâtre
ou se mettent au pinceau en les mélangeant avec
de la colle ou bien du lait, dont on passe une
première couche pour encoller, et après laquelle
on en applique une mélangée de noir et de
blanc de chaux; c'est tout ce qu'il faut. Quelquefois, on emploie de la mine de plomb ; cette
opération est facile, vu qu'il n'y a qu'à s'en procurer en poudre, que l'on broye et que l'on
délaye, si elle n'est pas assez fine, dans du vi-

naigre, pour faire un liquide comme les couleurs ordinaires, et que l'on applique en une ou deux couches bien étendues. Après que la dernière est sèche, on frotte la partie avec une brosse saupoudrée de mine de plomb délayée, afin de lui donner du luisant. Pour la fonte, l'opération est la même, seulement il faut enlever la rouille et la poussière ; pour les plaques en tôle, on détrempe de la mine de plomb dans de la bierre : cela lui donne plus de solidité.

PARTIE DU MOULEUR.

L'art de faire les moules présente plus de difficultés que le moulage, en raison de l'attention que l'on doit apporter à connaître les dépouilles dont les pièces d'un moule sont composées, et éviter qu'elles ne se rompent au moulage, en nuisant à la délicatesse des traits du dessin.

Pour faire le moule d'un sujet de sculpture, il faut commencer par en examiner les saillies et les creux, et désigner les endroits où doit finir chaque pièce du moule. A mesure que celles-ci sont faites, on les numérote, afin de ne pas s'embrouiller dans la quantité. Par ce procédé, on peut établir les moules les plus compliqués. Je me bornerai, dans ce chapitre, à indiquer la manière de faire les moules des bas-reliefs, tels que frises, trophées, chapiteaux, rosaces, etc.

Manière de faire les moules.

Lorsque l'on veut faire un moule, il faut se procurer un original, ou bien en sculpter un. Mais le premier moyen est plus facile que le second, il ne s'agit que de les choisir dans les magasins : le mastic de Cherbourg, le carton-pierre, le plâtre, sont également convenables. Pour retirer un moule sur le carton-pierre, il faut d'abord désigner le nombre des pièces qui le doivent composer ; puis on graisse cet original avec de l'huile blanche ou autre. Après cette préparation, on se met en devoir de couvrir les parties que l'on veut, en commençant par celles qui font des creux ou enfoncemens : chaque pièce que l'on vient de faire doit être relevée, afin de s'assurer si l'on a réussi ; puis on lui donne la tournure convenable, et on la replace en l'huilant, pour que le nouveau plâtre ne s'attache pas dessus.

Ainsi se fait le moule, pièce à pièce ; après quoi, l'on fait une chemise, ou enveloppe, qui rassemble toutes ces pièces dans la place que

chacune d'elles doit occuper. Les moules d'une
seule pièce sont plus faciles, en ce qu'il ne faut
gâcher qu'une seule fois pour couvrir la surface de l'original et lui donner une épaisseur
convenable. Pour mouler, il faut se servir de
bon plâtre fin et gâché fort ; mais je conseillerai de ne pas laisser le plâtre trop se durcir
pour faire des moules d'une seule pièce. Le
meilleur est de les lever aussitôt que le plâtre
est pris et que l'on sent une petite chaleur ;
c'est le bon moment. Quant à ceux qui se font
de plusieurs pièces, il n'y a rien à craindre et
on peut les laisser plus long-temps, attendu
que le plâtre, se gonflant, aide les pièces à
sortir.

Moyen de faire des moules sur le mastic de Cherbourg.

Pour mouler sur un original en mastic de
Cherbourg, il faut user de précautions, par la
raison que cette matière se relâche aussitôt
qu'elle sent l'humidité, ce qui fait manquer le
moule. En outre, cette pâte ainsi relâchée se
prend avec le plâtre, et en voulant séparer les
deux parties, on arrache l'une et l'autre, au
point de ne pouvoir jamais servir. J'ai vu des
personnes employer, pour cette opération, la
peinture à l'huile : ce procédé leur réussissait,
mais j'en usais d'une manière différente. Je

mettais le mastic à l'humidité, pour le faire revenir à la consistance d'une pâte très-épaisse, et le rendre propre à supporter le plâtre sans s'écraser. Arrivé à cet état, j'y passais une couche d'huile, et je coulais ce qu'il fallait de plâtre pour faire le moule.

Moyen de faire des moules sur plâtre.

Pour obtenir un moule sur un original en plâtre, on se sert de plusieurs moyens : le premier consiste à mouler sur du plâtre qui n'est pas encore sec, en ayant le soin d'huiler l'original avant de couler. A défaut d'huile, on se sert avantageusement de l'eau de savon noir.

Je ferai observer que pour rendre le savon liquide, il est essentiel de lui faire subir un bouillon dans de l'eau de rivière, dont on ne met que la quantité strictement nécessaire pour faire venir le savon à la consistance de l'huile dont on se sert ordinairement.

On emploie un deuxième moyen si l'on veut conserver l'original sans le détériorer; dans ce cas, il faut qu'il soit bien sec pour l'apprêter. On commence par l'encoller de toutes parts, et lorsque l'encollage est sec, on passe une couche d'huile grasse siccative; quand elle est sèche, on en passe une seconde. L'application de ces deux couches donne à l'original une dureté telle qu'il ne peut pas tirer, car le plâtre s'y applique sans faire de soufflures.

Moyen de mouler sans moule.

Il y a un moyen bien simple de mouler les ornemens et bas-reliefs, sans employer de moule. Toutes les fois que l'on a le sujet convenable, c'est-à-dire un ornement qui porte son dessin sur une seule face, il est très-facile d'en obtenir de semblables. Il ne faut pour cela que se procurer de la terre glaise, comme celle dont on se sert dans la poterie ou dans les briqueteries, que l'on doit apprêter de même, pour lui donner une souplesse convenable à recevoir l'empreinte dans toute l'épaisseur du relief. Cela étant fait, on saupoudre la surface où doit s'appliquer l'objet, et l'on présente le massif sur le dessin, qui s'incruste dans l'argile, de façon qu'en retirant le sujet, il reste une empreinte de l'original dans laquelle se coule du plâtre fin gâché fort. Après qu'il est durci, on le retire, et l'on obtient par ce procédé une quantité de sujets sans faire de moule. La poussière, la sciure, la farine fine, sont convenables pour saupoudrer et empêcher la liaison de l'argile avec l'original qui fait l'incrustation : sans cette précaution, on ne pourrait en obtenir plusieurs de suite.

Pour ce genre de travail, les sujets en plâtre moulés sont préférables à ceux qui sont ragréés.

De l'apprêt des moules en plâtre, et des huiles convenables au moulage.

Lorsque les moules sont faits, on peut s'en servir aussitôt, si on le veut, en les graissant avec de l'eau de savon noir, apprêtée ainsi que je l'ai dit ci-dessus, et l'on obtient des objets d'une belle blancheur et sans taches.

Ce procédé n'est cependant pas le meilleur, en ce que ces moules, n'ayant reçu aucun apprêt, se détériorent promptement ; il est donc avantageux de les apprêter, pour qu'ils puissent se conserver plus long-temps : le moyen en est très-simple. On fait sécher le nouveau moule ; quand il est bien sec, il faut un peu le chauffer et passer ensuite dessus plusieurs couches d'huile grasse siccative : deux ou trois de ces couches sont suffisantes ; mais on doit se garder d'enduire la superficie des dessins, car l'épaisseur de cette huile nuirait à la délicatesse des ornemens : en tenant l'huile ou le moule à un certain degré de chaleur, on évite cet inconvénient.

Je pourrais indiquer ici les moyens de faire cette huile grasse siccative ; mais comme on en trouve dans le commerce, et que les peintres en ont continuellement, on aura plus tôt fait de l'acheter que de la fabriquer soi-même : elle se vend de vingt à vingt-quatre sous la livre.

Une fois les moules ainsi préparés et bien secs, on peut mouler soit à l'huile, soit à l'eau de savon noir; mais on ne peut employer celle-ci que trois à quatre fois; après ce nombre, il faut mouler une ou deux épreuves à l'huile, pour adoucir le moule; on peut alors mouler avec le savon noir autant de fois qu'en premier lieu, et ainsi de suite. L'huile la plus convenable au moulage est celle d'œillette ou huile blanche; quelques modeleurs y ajoutent un peu de suif pour l'adoucir.

Moyen de mouler et d'éviter les soufflures.

Il arrive souvent que les moules ne sont pas assez abreuvés et qu'ils attirent l'eau contenue dans le plâtre que l'on verse; c'est ce qui occasionne des soufflures préjudiciables à l'ouvrage. Pour éviter cet inconvénient, il faut bien huiler les moules, sans cependant remplir les creux de la sculpture, mais de manière à contenter les matières, ce qui peut se connaître lorsque l'huile reflète sur toute la surface.

Les soufflures peuvent encore provenir de la mauvaise application du plâtre. Pour bien mouler (et je l'ai déjà indiqué précédemment), il faut passer une couche d'huile blanche sur toute la surface du moule. L'on gâche ensuite le plâtre à une bonne force, et on le verse de suite soit au milieu, soit sur un côté, en observant de toujours faire ce versement à la même place, pour que le plâtre se coule de lui-même dans tous les creux. S'il ne se répand pas assez promptement, on en facilite le mouvement, mais toujours en suivant, afin qu'il ne fasse pas de bouillons, qui enveloppent l'air et occasionnent des soufflures désagréables. Après avoir ainsi coulé sur tous les dessins que contient le moule, on peut appliquer un deuxième coulis, pour faire l'épaisseur nécessaire ; mais il faut attendre que le plâtre soit assez durci, ce qui se connaît à son échauffement ; puis on procède à la séparation des moules et des moulures ; à l'aide de ciseaux ou autres instrumens, on force les pièces à se séparer, ce qui aura lieu chaque fois que les moules auront été bien apprêtés. Les grandes pièces sorties du moule demandent à être placées sur leur grande portée, pour éviter les voilemens, qui, sans cette précaution, pourraient avoir lieu.

De la sculpture sur plâtre.

L'art de la sculpture est tellement compliqué, qu'il faudrait un volume pour en détailler les principes ; mais comme la description de cette partie n'entre pas dans mon plan, je me bornerai à

dire que le plâtre est une matière convenable à
ce beau travail, et ce n'est que dans le but de
propager l'application de la sculpture au plâtre,
que j'ai entrepris d'indiquer les moyens à employer pour réussir dans cet ouvrage.

Les plâtriers surtout doivent avoir la connaissance de cet art, par la raison qu'ils peuvent se
trouver dans le cas d'établir des décors, ou de
réparer quelques parties d'un ornement brisé;
et l'on conçoit que c'est une des branches essen-
tielles de la théorie-pratique de cette profession.

Mais quelle que puisse être l'application que
l'on porte à ce travail, elle serait insuffisante
sans la connaissance du dessin; car celui qui
sait dessiner peut essayer de sculpter ce qu'il
vient de tracer sur le papier. En conséquence
de ce que j'avance, je vais décrire ce qu'il faudrait faire si l'on avait une pièce à sculpter.

Il faut donc d'abord dessiner, et, en le faisant, indiquer les parties à réserver ou à enlever, pour établir les fouilles que l'on jugera
convenables. L'ornement est plus facile que la
statue; pour cette dernière, les proportions
sont bien plus rigoureuses que pour un feuil-
lage, qui, pour être bien, n'exige qu'une imi-
tation parfaite de la nature. La pièce que l'on
doit faire étant dessinée dans les proportions
voulues, et le dessin en étant agréé, on établit

un massif, qui doit être en plâtre fin, gâché à
l'ordinaire et dans la force d'une même quantité de plâtre que d'eau. On étend cette matière
avant qu'elle se soit épaissie, afin d'éviter les
creux ; et en faisant ce bloc ou massif d'une
seule gâchée, on n'a pas à craindre les inconvéniens qui pourraient résulter de l'apposition
de plusieurs couches.

Ces dispositions étant prises, on façonne le
massif, suivant que le demandent et sa forme et
les saillies qu'il peut être susceptible de recevoir ;
ensuite l'on étend le dessin sur toute la surface,
et on le fixe à l'aide de quelques pointes ; puis,
avec une aiguille à pointiller, l'on en suit exactement tous les contours ; après quoi, l'on retire
le papier, et l'on doit trouver toute tracée la
forme que doit avoir le sujet sculpté.

L'on procède ensuite aux fouilles jugées nécessaires, en commençant par ébaucher ou
dégrossir chaque partie ; et, en répétant cette
opération autant de fois que le besoin peut
l'exiger, l'artiste développe ainsi petit à petit
les grâces qui doivent embellir son sujet. En
dernière main, l'on se sert des petits outils faits
exprès pour cet usage, et qui concourent à
donner la forme convenable, surtout si l'on a
le soin et le goût de ne pas s'écarter du naturel.
Une personne désirant s'instruire dans cet art

doit d'abord commencer par des dessins faciles,
afin de ne pas être découragée par les difficultés
que peut présenter une partie trop compliquée;
c'est ainsi qu'en surmontant graduellement les
obstacles, on parvient à la célébrité dans ce
genre de travail justement estimé.

J'ai dit dans la deuxième partie que les outils
nécessaires à la sculpture du plâtre se compo-
saient ordinairement de grattoirs, de spatules, de
demi-volutes, de ciseaux, etc. (Voy. planche VI,
figure 28.) Le plâtre n'étant pas un corps dur,
les outils n'ont pas besoin d'une grande force,
et leur emploi n'exige que de l'adresse et du goût.

Du stuc.

L'art de composer le stuc n'est en partie
connu que de quelques hommes qui en font un
secret, et qui, pour ne pas avoir de rivaux,
ne l'enseignent qu'à ceux qui les intéressent
particulièrement. En général, cet ouvrage coûte
très-cher, et c'est ce qui empêche d'en faire
communément. Cette partie est celle que j'ai
le moins exercée : aussi ne crois-je pas pouvoir
décrire exactement tous les principes de sa fabrication ; cependant je veux indemniser le
lecteur, en lui indiquant quelques moyens très-
faciles et peu coûteux pour obtenir un enduit
imitant tout-à-fait le stuc.

Premier moyen.

Pour arriver à composer cet enduit, il faut premièrement se pourvoir de sable bien fin, de chaux éteinte et tamisée, de bon plâtre et de poudre de savon, semblable à celle dont se servent les bottiers. Lorsque l'on est ainsi muni de ces matières, on commence par faire un mortier ordinaire de chaux et de sable fin ou sablon ; celui d'Étampes est le meilleur. Après avoir fait ce mortier, l'on gâche un peu fort une petite quantité de plâtre, dans laquelle on mélange une certaine partie de mortier, comme si l'on voulait faire du mortier bâtard ; ce mélange, bien fait, doit être dans la proportion de deux parties de mortier pour une de plâtre, et tenu plus ou moins fort, mais toujours à la consistance du plâtre prêt à employer ; on l'étend ensuite sur la partie qui doit le recevoir, et on l'enduit le mieux possible.

Il est bien entendu que les murs ou parties qui reçoivent cet enduit de stuc doivent être bien dressés, afin que la couche appliquée ne puisse dépasser deux lignes, et pour éviter les épaisseurs. Cette couche bien lissée, on fait de suite les veines ou dessins que l'on veut imiter ; à cet effet, les couleurs sont simplement délayées à l'eau, et, avec le pinceau, on figure le sujet à représenter. Aussitôt que l'on a dessiné cet enduit, on prend la poudre de savon, contenue dans un petit sac de toile ou de flanelle; on en frappe la surface du sujet pour en faire sortir une poussière formant un duvet, qui se fixe sur l'enduit; puis, lorsque toutes les parties sont également couvertes de cette poudre, on repasse la truelle fine ou la petite truelle, ce qui donne à l'enduit le poli du marbre, et complète l'illusion produite par les veines précédemment formées.

Lorsque l'on voudra imiter le marbre blanc, il faudra se procurer de la chaux et du sablon d'une extrême blancheur; mais cette précaution est inutile pour les marbres de couleur : on fait le fond du marbre que l'on se propose d'imiter, en formant le mortier indiqué ci-dessus.

Cet enduit, qui vaut le stuc, est peu coûteux, et devient, par le polissage, aussi dur que la pierre; de plus, si l'on trouve qu'il ne soit pas assez brillant, on peut lui donner une couche de vernis, qu'il reçoit aussi bien que les meubles; mais, dans ce dernier cas, il faut attendre qu'il soit bien sec. On l'emploie aussi pour faire des parquets, en remplacement du carrelage; il résiste très-bien et reçoit tous les dessins que l'on veut y former; seulement, il

faut éviter d'employer des couleurs que la chaux
pourrait décomposer.

Deuxième moyen.

Le deuxième moyen consiste à employer du
plâtre, de la colle de Flandre et un peu de
chaux. A cet effet, on gâche le plâtre à l'eau de
colle, dans laquelle on a mis fondre de l'alun;
ce mélange, employé gâché fort, produit un
stuc dont on peut se servir pour établir des
chambranles ou des tablettes de cheminée; et,
pour cela faire, on coule cette matière, entre
des règles disposées de manière à former les
contours que l'on veut lui donner. Lorsque cet
enduit est bien sec, on le polit de la même manière que le marbre, c'est-à-dire qu'on le
rend uni par l'emploi d'une pierre de grès
trempée fréquemment dans l'eau et que l'on
passe plusieurs fois dessus; ensuite, on prend
la pierre-ponce, puis la molette, ou rouleau
fait en feutre de chapeau, avec laquelle on étend
la limaille de plomb : cette dernière opération
lui donne le poli.

Les nuances des couleurs s'obtiennent d'une
manière autre que celle indiquée pour le premier moyen; car pour réussir à imiter le marbre, on doit apprêter, soit le plâtre, soit l'eau
de colle, en leur donnant la couleur désirée,

puis on gâche séparément, pour mélanger ensuite le tout dans le lieu où doit se faire le travail. On presse fortement avec la truelle pour niveler et unir l'enduit, et l'on obtient une quantité de veines, qui se découvrent en polissant; c'est ainsi que l'on peut obtenir un stuc fait à la colle et à l'alun.

Troisième moyen.

On fait encore du stuc par le mélange de l'eau et du savon. Cette eau, qui doit subir un bouillon, reçoit le savon découpé par petits morceaux; puis on l'agite afin de bien mêler les deux parties. Après cette préparation, on prend du plâtre, dans lequel on met de la poudre de pierre, et préférablement de la poussière de cailloux ou marbre; ensuite on gâche avec l'eau de savon ce mélange en plâtre bien fort.

Une foi employé et bien dressé, l'on passe le pinceau sur cet endroit, pour lui donner les nuances que l'on désire, si l'on n'a pas mélangé précédemment la pâte, ainsi que je l'ai dit plus haut. Quand le plâtre est assez dur, on passe légèrement dessus avec du savon, et l'on finit de le polir à la truelle fine, ce qui donne à cet enduit le luisant du stuc.

Quatrième moyen.

Il existe une manière de peindre les murs avec de la chaux combinée ; cette opération bien faite imite réellement le stuc. Voici comment j'ai vu faire.

On fait choix d'une certaine quantité de belle chaux, que l'on fait fleurir, comme à l'ordinaire, dans un baquet d'une capacité proportionnée ; quand elle est bien éteinte, on l'arrose avec de l'eau de rivière, en remuant bien : puis on la laisse reposer jusqu'à ce que la chaux soit couverte par l'eau, que l'on jette alors : on recommence cette opération pendant dix à douze jours. Cette chaux bien battue et bien lavée devient belle ; on la tamise, pour en retirer toutes les matières granuleuses et ne garder que le plus liquide, qu'on laisse se réduire en pâte ; c'est dans cet état que l'on procède à l'application de cet enduit, qui ne peut réussir que sur des murs bien secs et construits en plâtre employé gâché fort.

On emploie, pour le mélange à faire, une petite quantité bien broyée d'indigo, pour aider la chaux à soutenir une couleur fraîche ; mais, à ce défaut, on peut se servir de noir de vigne ou de pêcher : on ajoute ensuite une dose de térébenthine et d'alun, pour faciliter le luisant.

Après que l'on a fait ainsi ce mélange, on éclaircit la pâte avec de la bonne colle de gants ou de Flandre; puis on en prend par partie pour être étendue sur l'ouvrage, en cinq ou six couches bien minces; en dernier lieu, l'on fait quelques veines, afin d'imiter le marbre.

L'on revient ensuite avec une forte brosse à cirer, autant que possible en soie de sanglier; que l'on frotte avec force sur l'enduit; ce moyen produit un brillant, qui fait tout le prix de ce travail bien simple. On donne plusieurs couleurs à cette composition; et, en faisant des filets comme ceux formés par la pierre de taille, on imite le stuc.

Des cimens.

Pendant long-temps le ciment a été variable, et l'on éprouvait de grandes difficultés à le composer; encore n'était-ce qu'avec des matières dissolubles et par conséquent de peu de durée. Mais, depuis quelques années, on a fait la découverte du ciment de Pouilly, que l'on a surnommé *romain*, par la raison que l'on a cru trouver, dans les constructions antiques que les Romains nous ont laissées, que c'était celui dont ce peuple se servait. C'est aux environs de Pouilly (département de la Côte-d'Or) que se trouve cette carrière, d'où le ciment est extrait en pierres, pour être cuit et pulvér isé comme le plâtre, dont il a le caractère, en ce qu'il craint l'eau avant d'être employé et qu'il se gâche à peu près comme lui ; aussi, pour le transporter, a-t-on la précaution de l'entonner dans des fûts goudronnés et tapissés, afin que l'humidité ne puisse y pénétrer.

Il y en a de plusieurs couleurs ; mais le meilleur, dit-on, est celui couleur chocolat. L'on fait avec ce ciment des couvertures, des terrasses, des laviers, des citernes ; l'on assainit les murs humides par des enduits qui s'appliquent comme le mortier, et il s'emploie facilement. On le gâche comme le plâtre fort, deux tiers de ciment pour un tiers d'eau. Dans ces deux premiers tiers, on mélange un cinquième de sable de rivière, ce qui l'empêche de se gercer ; étant ainsi bien gâché et mêlé, il peut être deux heures sans prendre, à moins qu'il ne soit gâché à l'eau chaude. Il n'acquiert pas d'abord une dureté extraordinaire ; mais, par la pression des truelles, surtout s'il est appliqué sur des parties sèches, il se durcit et ne se relâche plus : ni l'humidité ni l'eau ne peuvent le détremper. Il semble être imperméable, puisque l'on en fabrique des baquets, des auges, etc., sans que ces objets soient passibles de la moindre infiltration.

Des terrasses.

Ayant vu faire souvent des terrasses qui étaient défectueuses, je me fais un devoir d'indiquer le moyen de réussir. Lorsque l'on veut construire une terrasse, sur un plancher, par exemple, il faut que ce dernier soit solide et qu'il ne puisse s'affaisser sous le poids de la terrasse ; ce qui permettrait à l'eau de filtrer par les gerçures qui s'y formeraient immanquablement : la solidité de cet ouvrage dépend donc de l'épaisseur et de la portée du plancher. Une fois celui-ci bien établi, l'on peut en couvrir les solives avec de fortes briques scellées les unes aux autres, ainsi que cela se pratique pour les voûtes, mais à cette différence près que, au lieu de plâtre, l'on emploie le ciment que j'ai indiqué, dont on passe une couche sur ce carrelage. Il est bien entendu que l'on doit, en plaçant les premières briques, donner la pente nécessaire à l'écoulement de l'eau. Ainsi, ces précautions prises et le premier carrelage bien enduit de ciment, on en place un second, autant que possible, en bons carreaux qui ne filtrent pas ; toutefois, le ciment, bien employé, peut être appliqué à défaut de ces carreaux : on conserve de même, dans ce second carrelage, la pente nécessaire à l'écoulement des eaux. Si l'on se

sert de carreaux, on doit faire attention de
remplir de ciment tous les joints, afin d'empêcher la filtration des entre-deux ; ce qui pourrait amener des dégradations dans les temps de
gelée.

Ciment fait avec le plâtre.

On fait quelquefois du ciment avec du plâtre.
Celui que j'employais était composé d'un mélange de plâtre et de limaille, ou bien de paillé
de fer tombée au bas des enclumes, bien tamisée, afin qu'elle pût avoir la finesse du plâtre.
Ces deux corps étaient mélangés dans la proportion d'un tiers de limaille pour deux tiers de
plâtre gâché fort, avec moitié d'eau et moitié
de vinaigre. Cette composition fait un très-bon
mastic ; et, en y joignant un peu de chaux, il
peut être de longue durée dans les lieux humides.

Moyen de peindre le plâtre à fresque.

La peinture à fresque compte bien des siècles
d'existence ; les Romains en faisaient un grand
cas : le peu qui reste de leurs ouvrages suffit
pour nous indiquer que cet art était porté chez
eux à la perfection. Aujourd'hui, l'on voudrait, en France, parvenir au même niveau :
aussi, en bien des pays, on voit des maisons

peintes de cette manière à leur extérieur, et dont les décorations imitent très-bien le naturel ; les dessins, les perspectives, y sont adroitement ménagés. Les plus belles fresques, sans contredit, sont celles de la Bourse de Paris ; mais quoiqu'inférieurs dans leur exécution, Lyon et ses environs en font un plus grand usage que la capitale. Mon admiration pour cet art sublime m'engage à donner une explication relative à la composition des couleurs et à l'apprêt des mordans ; les artistes voudront bien suppléer par leur intelligence à tout ce que mes détails n'auraient pas assez éclairci.

Composition des couleurs.

Pour peindre à fresque, il ne faut employer que des couleurs indissolubles et inaltérables à l'air ainsi qu'à la chaux ; en sorte que l'on ne peut se servir que des couleurs naturelles, telles que les ocres, les minerais ; mais, en les détrempant dans du lait, on peut consolider les couleurs composées : de ce nombre sont les indigos, les verts, les métis, etc. Quand on les trouve assez solides, on peut composer les nuances, en mêlant une couleur à une autre.

Des mordans.

La chaux est le seul mordant qui consolide cette peinture, par la raison qu'elle ne peut être dissoute par les intempéries de l'air, toutes les fois qu'elle est employée à propos. Il faut donc faire choix de la plus belle et avoir soin de la bien éteindre ; elle est alors toute prête à servir. La chaux doit donc être le corps principal des couleurs destinées à la peinture à fresque, puisqu'elle en fait toute la solidité. Si tout est à ce point désirable, il n'y a plus qu'à appliquer.

Application des couleurs.

Ainsi préparées, les couleurs peuvent s'appliquer à volonté, comme pour le badigeon, etc.; mais, pour être à la fresque, ce ne peut être que sur des murs fraîchement enduits en mortier de chaux : plus ils seront droits et unis, plus il sera facile d'étendre le dessin.

Lorsqu'un mur est bien enduit et dressé au bouclier, l'on passe en une ou deux couches les couleurs de fond, puis on dessine ou l'on peint de suite les sujets que l'on veut imiter. Je crois avoir déjà démontré que tout le secret de la solidité de cette peinture consistait dans l'application de la couleur sur un enduit fait le même jour, ou du moins avant qu'il ait eu le temps de sécher ; car , une fois sec, la liaison se trouve interceptée par la chaux qui a formé une croûte en se desséchant, ce qui empêche le mélange des parties , qui s'opère sur les pièces fraichement enduites. Voilà tout le secret de cette peinture qui résiste si long-temps.

La fresque sur plâtre se fait de même que sur le mortier ; il est toutefois bien entendu que l'on doit gâcher le plâtre avec un peu de chaux, pour lui donner un mordant solide : on obtient ainsi une peinture économique, durable, et qui est bien supérieure aux autres , en ce qu'elle ne peut être ni ternie ni altérée par l'air. Ces couleurs étant détrempées simplement dans l'eau, en plus ou moins grande partie, c'est l'eau qui est le liquide, et la chaux sert de colle.

Moyen de vernir le plâtre.

Le plâtre peut être verni, sans que pour cela l'on soit obligé de le peindre. Chaque fois donc que l'on voudra imiter le marbre ou l'albâtre, on y parviendra en passant un vernis sur la surface du plâtre plus ou moins blanc ; toutefois, ce dernier doit être bien dressé et bien enduit, de manière à être agréable à la vue , et lisse même au toucher. Si donc l'on veut, sans les peindre, vernir quelques pièces distinguées , il faut premièrement se procurer un encollage convenable, qui se fait avec de l'amidon cuit; quand cet encollage est fait, on l'étend avec soin sur toutes les parties que l'on veut vernir, et, après qu'il sera sec, on appliquera au pinceau une ou deux couches de beau vernis; l'on obtiendra par ce procédé un brillant tellement éclatant, que souvent on prend pour du marbre les pièces ainsi préparées.

Observation sur le toisé.

Le toisé étant essentiel pour se rendre compte des quantités diverses contenues dans un ouvrage, les personnes qui peuvent en avoir besoin sont par cela même obligées d'en acquérir la connaissance. C'est dans le but et l'espoir de faciliter les développemens nécessaires à cette science mathématique, que je me fais un plaisir d'en traiter ici, en en donnant les principes élémentaires.

Pour ce qui regarde les plâtriers, je dirai que la connaissance entière du toisé n'est pas précisément indispensable; car une fois que l'on aura reconnu ce qu'une face d'ouvrage peut contenir de pieds, on se rendra facilement compte de la dimension totale de la figure : cependant il faut être à même de savoir assez calculer pour faire les multiplications et divisions nécessaires.

Je viens de dire que l'on devait, pour bien toiser, connaître la valeur de l'étendue des parties; il sera donc à propos, en commençant, de se guider sur la figure 45, cotée K, représentant ce que l'on appelle un pied carré superficiel : on peut aussi s'en servir pour donner une idée de la toise et du mètre carrés. Mais je suppose que ce soit un pied carré : il en faut alors trente-six pour une toise carrée superficielle, et neuf pour un mètre aussi carré superficiel; cette triple application m'a porté à donner la figure 58, qui représente dix-huit de ces parties réunies ensemble, et figurant une demi-toise ou deux mètres. Cette figure se trouve divisée, ainsi qu'on peut le voir, par un signe M, qui, traversant exactement au milieu, laisse neuf parties de chaque côté : en raisonnant les deux figures indiquées, on voit de quelle manière une étendue, quelle qu'elle soit, peut être multipliée ou divisée.

En conséquence, je suppose un plafond à toiser de dix-huit pieds de long sur quinze de large;

Opération.

On multiplie 15 par 18, ou 18 par 15, ci   18
                                                     15

en disant : 5 fois 8 40, pose o sous le 5,
et retiens 4 ; puis 1 fois 5, 5 et 4 retenu
font 9, ci.   90
Passant à l'autre chiffre, on dit : 1 fois
8, 8, que l'on pose dessous le 9 ; puis 1
fois 1 est 1, que l'on avance à côté du 8   18

Produit de l'addition.   270

Le plafond contient deux cent soixante-dix
pieds dans toute son étendue; on réduit ce
produit en parties de trente-six pieds, ce qui
est facile en se demandant : en deux cent
soixante-dix pieds, combien de fois trente-six ?
Par la division, il s'y trouve sept fois et demie,
ce qui donne sept toises dix-huit pieds. On
peut voir d'après cet aperçu que la toise superficielle s'obtient en mesurant les deux faces
contraires, autrement dit, la longueur et la
largeur.

L'opération est à peu près la même pour les
murs; on prend les faces et les contours de
même hauteur : les produits multipliés par les
hauteurs se divisent comme je l'ai indiqué plus

haut, et l'on obtient la quantité contenue. Quant aux pouces qui peuvent se trouver en plus des mesures, pieds, mètres ou toises, ils se multiplient par pouces, en partant de ce principe que cent quarante-quatre pouces valent un pied carré superficiel; aussitôt que, par ces pouces multipliés, on aura obtenu un pied, il faudra l'ajouter aux quantités produites par les grandes parties. Lorsqu'il se trouve six pouces, s'ils sont sur la hauteur, ce sera la moitié de la longueur de l'ouvrage qui donnera le produit; et s'ils son sur la longueur, ce sera la moitié de la hauteur. Ainsi neuf pouces sont les trois quarts du pied, six pouces la moitié, et trois pouces le quart: quatre pouces forment un tiers, et huit pouces les deux tiers. En raisonnant la place où doivent être appliquées ces fractions, on obtiendra le produit de chaque mesure.

Du toisé irrégulier.

Comme l'on n'a pas toujours à toiser des pièces régulières, j'ai figuré, à la planche VIII, quelques - unes des parties qui se rencontrent le plus souvent dans la construction, afin que l'on puisse se familiariser avec leur toisé.

La figure 55 de la planche citée ci-dessus représente un triangle dont on prendra la hauteur du côté A, et la moitié de la largeur B ; en multipliant ces mesures, le produit sera la valeur réelle.

La figure 53, même planche, représente cette figure sur un carré, qui se trouve traversé par une ligne pointillée, pour indiquer la séparation à faire des parties correctes de celles qui ne le sont pas.

La figure 56, même planche, réprésente une losange. Si l'on avait à toiser une partie qui eût cette forme, il faudrait multiplier la largeur du milieu par la moitié de la longueur ; ce qui donnerait exactement le produit, ainsi qu'on peut en voir la preuve par les nᵒˢ 2 et 3 des pièces distinctes, mais changées de place pour former le carré nᵒ 1.

Des parties cintrées ou rondes.

Le toisé des parties cintrées ne demande pas de grandes combinaisons ; car il suffit de prendre les contours donnant un développement plus ou moins grand, et de les multiplier par leur hauteur, ainsi que cela se pratique dans les parties droites : si les instrumens ordinaires du toisé ne sont pas commodes, on se sert d'un fil, avec lequel on contourne toutes les parties.

Mais pour toiser le plafond d'une tour, d'un théâtre et pour toutes autres parties rondes, le plus court sera d'en multiplier le diamètre, comme pour un carré ; on abandonnera un tiers du produit donné par cette multiplication : les deux tiers restans donnent, à quelque chose près, le produit total. On emploie cette manière de toiser comme la plus prompte, et je ne faisais usage que de ce procédé. On obtiendra le toisé d'un dôme, soit à l'intérieur, soit à l'extérieur, en le divisant par parties et en le réduisant en pieds carrés ; mais comme tous ces détails se trouvent consignés dans les ouvrages qui traitent du toisé et de la géométrie mathématique, je conseillerai au lecteur de vouloir bien consulter ces écrits.

De la toise courante.

La toise courante est un autre genre de toiser. Par exemple, les corniches, les moulures, etc., se toisent de cette manière ; à cet effet, on mesure les longueurs, sans s'occuper de la largeur. Ainsi, six pieds de long font une toise courante ou trois pieds font un mètre ; on emploie ce procédé pour les quadratures, quoiqu'il y ait des endroits où elles sont réduites en toises carrées : pour cela faire, on développe les saillies, les creux des moulures, et à l'aide d'un fil, qui les contourne, on procède à la multiplication.

Système métrique.

Les architectes ayant adopté le système métrique pour les ouvrages, il est de toute nécessité, pour les toiseurs et ouvriers, d'être familiarisés avec ce moyen très-utile et qui pourra s'apprendre facilement, une fois les premiers principes connus. Sans rien changer à la manière de toiser, je dirai que l'on doit se servir du mètre en remplacement du pied ou de la toise ; qu'un mètre, contenant trois pieds métriques, est subdivisé en cent centimètres, ou mille millimètres, chaque centimètre contenant dix de ces derniers.

Pour métrer, on emploie le même procédé que pour le toisé, excepté que le surplus des longueurs et hauteurs, qui se trouve rester après le mètré, est indiqué en centimètres comparés aux pouces : par exemple, on mesure une longueur de trente-sept pieds, ou six toises un pied ; pour le mètre, on dira douze mètres, trente-trois centimètres, trois millimètres. Pour la hauteur, que je suppose avoir neuf pieds et demi, on pourrait dire une toise et demie et six pouces ; mais pour le mètre, on doit dire trois mètres dix-huit centimètres deux millimètres. Pour multiplier ces quantités, on établit les chiffres ainsi que pour la multiplication,

comme on le voit par le multiplicande de l'opération ci-jointe :

	Mètres.	Cent.	Millim.
	12	33	3
	3	18	2
	36	99	9
	3		
	39	96	24
		1 2	
		3,15	
		3	
		3,18	

Le multiplicateur de cette opération est de
3 mètres, 18 centimètres, 2 millimètres : on
tire une ligne pour séparer les produits ; ensuite
on multiplie, en commençant par la colonne des
mètres, et en disant : 3 fois 2 font 6, que l'on
pose sous le 3 ; puis 3 fois 1 est 3, que l'on
avance, ce qui donne 36 mètres. Reste à multiplier les fractions des centimètres ; on commence par le 3, et on dit : 3 fois 3 font 9, que
l'on pose sous le 8 ; plus, 3 fois 3 font 9, que
l'on pose en avant, ce qui donne un produit de
99 centimètres, et 3 fois 3 millimètres donnent

un 100 qui équivaut à 1 mètre. On fait une ligne de séparation pour recommencer la deuxième colonne en disant : 8 fois 2 font 16 ; on pose le 6 sous le 1, et l'on retient 1 : puis 8 fois 1 est 8, et un de retenu 9, que l'on pose sous le second 9 ; l'on dit ensuite : 1 fois 2 est 2, que l'on pose sous le 9 , pour avancer la dixaine, puis on dit : 1 fois 1 est 1, que l'on place en avant du 2. On additionne après en disant : 9 et 6 font 15 ; on pose 5 sous le 6 et l'on retient 1, que l'on reporte au 9, en disant : 1 et 9 font 10, et 9, 19, et 2 font 21 : on pose 1 et l'on retient 2, que l'on porte au chiffre 1, en disant : 2 et 1 font 3, ce qui fait un total de 318 centimètres, y compris les millimètres. De ce produit, on sépare les deux chiffres de la droite par une virgule qui indique qu'il faut reporter 3 mètres sous le 6 du premier produit, ce qui donnera pour total 39 mètres, ainsi qu'on peut le voir coté. La preuve se fait en multipliant dans le sens inverse de celui que l'on a suivi pour opérer ; si les produits sont pareils, la preuve est sûre.

Je regrette que les limites bornées de mon ouvrage ne me permettent pas de tracer la direction multiplicatrice des centimètres ; j'invite seulement à remarquer que toujours la hauteur sert à multiplier la longueur *et vice versâ* ;

ensuite que le mouvement à faire ressemble assez à un X. Pour ce qui est des fractions des centimètres, avec un peu de raisonnement et de réflexion, il sera facile de voir que le calcul peut à peu près se faire comme celui des centimes.

NOTIONS MATHÉMATIQUES.

Moyen de faire le trait carré.

Le trait carré est d'une si grande utilité dans la construction des bâtimens, que je vais tâcher de démontrer les moyens de le faire (Voyez planche VIII, figure 57). Le trait carré se fait en traçant la ligne, nᵒˢ 2 et 3 ; au milieu de cette ligne, on pointe une jambe de compas, en ouvrant l'autre à volonté, pour tracer les deux lignes courbes indiquées par les nᵒˢ 2 et 3 de la même figure. De là, l'on enlève la pointe du milieu, puis on la place au nᵒ 3, pour tracer avec l'autre pointe les lignes 4 et 5 : après quoi, l'on retire la pointe du nᵒ 3, et on la place au nᵒ 2, en faisant comme ci-dessus, pour tracer les lignes nᵒˢ 6 et 7, qui forment un X : en tirant une ligne droite, qui passera au point du milieu, on a formé le trait carré, qui est d'un grand secours dans le dessin et en d'autres opérations.

Moyen de tracer l'ovale à l'aide du trait carré.

On fait les ovales de plusieurs manières ; celui que je donne ici peut servir aux mesures données. Pour l'obtenir, on établit le trait carré de la figure 57, planche VIII ; puis on le trace comme celui représenté à la figure 46, pl. VII, en laissant dépasser la ligne d'opération, ainsi que cela se trouve figuré. De là, mettant une pointe du compas au n° 1, et ouvrant la deuxième à la ligne n° 2, on décrit un cercle qui va du n° 3 au n° 4 ; après, la pointe n° 1 se place à la ligne n° 2 ; et avec la deuxième pointe, l'on trace les lignes 5 et 6. De ce point, on remet la première pointe au n° 7, pour décrire un tiers de rond de 4 à 6, et de même, on pointe 8 pour tracer les lignes 3 et 5. Ainsi se termine l'ovale.

Cette méthode procure aux plâtriers l'avantage de pouvoir faire, en moulure, un ovale à mesure donnée. On comprend sans peine que plus on ouvrira le compas sur la ligne, ou aux points 9 et 10, plus on allongera ledit ovale. La figure 47, même planche, donne les moyens de tracer l'ove, dont les opérations se font à peu près comme celles de l'ovale que j'ai figuré.

De l'ovale mécanique.

Le moyen le plus beau de faire l'ovale consiste à employer l'appareil représenté figures 43 et 44, planche VII, et qui donne toutes les mesures désirables. L'on voit, au n° 3, les quatre branches, qui sont des rainures à rebords pour faciliter à glisser les deux pièces à coulisse représentées sons les n⁰ˢ 1 et 3; dans ces deux coulisses, on voit deux trous, o, destinés à recevoir les deux pitons n° 1 de la figure 44. Ceux-ci se placent dans les deux o des coulisses, et, une fois ainsi assemblés, le mécanisme s'opère. Pour augmenter ou diminuer la dimension des ovales, il n'y aura qu'à changer les distances des pitons qui se glissent à volonté dans toute la longueur des simbleaux n° 3, figure 44, et que l'on fixe avec des coins de pression aux ouvertures figurées.

A l'extrémité du simbleau n° 4, même figure, on voit d'un côté une pointe à tracer, et de l'autre est un calibre pour indiquer les côtés; si toutefois l'on avait à faire un ovale au plafond avec cet appareil, on doit prendre la précaution d'assujettir les pitons dans les o des coulisses, pour que le simbleau se tienne suspendu solidement.

Moyen de peindre les planchers.

La peinture est aussi dans les attributions du plâtrier ; mais je ne parlerai que du grisage à la colle des planchers. Cet ouvrage n'est pas le plus agréable à faire ; aussi le prix en est-il convenablement établi.

Pour peindre un plancher neuf en blanc, en gris ou gris-blanc, il faut d'abord l'encoller avec de la colle claire de Flandre ou autre, dans laquelle on met un mélange de chaux et de blanc de Meudon. On étend cette couche sur tout ce que l'on veut peindre avec une forte brosse ; puis, avec un mastic fait avec du plâtre, on bouche les trous ou défauts du bois. Lorsque cette première couche est sèche, on en passe une deuxième, plus épaisse, de blanc de colle ; après que celle-ci est sèche, on en prépare une troisième, à laquelle on donne la teinte que l'on veut avoir : si elle doit être grise, on détrempe du noir avec le blanc ; ce mélange donne un gris plus ou moins foncé, suivant la plus ou moins grande dose de noir : s'il entre du blanc d'Espagne dans le mélange, la teinte sera presque aussi foncée que lors de sa formation, tandis que si l'on se sert de chaux et de plâtre, la teinte se blanchira de moitié ; pour les dernières couches, on mettra moins de colle, vu que cet ingrédient ternit les couleurs ; si l'on

veut un gris-bleu, on mettra plus ou moins
d'indigo, bien broyé et bien mélangé avec le
blanc. Souvent l'on blanchit de vieux planchers noircis par la fumée ou la vétusté ; ils
en sont plus difficiles à peindre. Il faut d'a-
bord bien les racler et enlever jusqu'au vif les
vieilles couches, surtout si elles menacent de
tomber. Ensuite, on répare les dégradations,
puis on applique une couche de blanc de chaux,
pour décomposer la rousseur, et, après quelques jours, on fait tomber cette couche, pour
opérer comme je viens de dire plus haut, pour
les plafonds neufs. En dernière couche, on peut
faire usage du plâtre blanc à polir, que l'on
mêle avec du blanc de Meudon, ou de chaux ;
ce mélange donne une fraîcheur de plus : pour
réussir à griser les planchers, il faut le faire par
un temps sec et beau, l'humidité étant très-
contraire à ce genre de peinture. Souvent on
peint les murs au-dessous du niveau des poutres ;
cette méthode ne convient qu'aux planchers
élevés de dix pieds et plus : au-dessous de cette
hauteur, le mieux est de faire monter la tenture
jusqu'aux solives. Pour ces ouvrages, on peut
se servir de lait écrémé ou caillé ; mais, pour
plus de solidité, on mettra dans la bouillie du
mélange un peu d'huile de lin bien mêlée.

FIN.

TABLE DES MATIÈRES

CONTENUES DANS CET OUVRAGE.

PREMIÈRE PARTIE.

TROISIÈME PARTIE.

FUMISTERIE.

PARTIE DU MOULEUR.

NOTIONS MATHÉMATIQUES.

FIN DE LA TABLE.

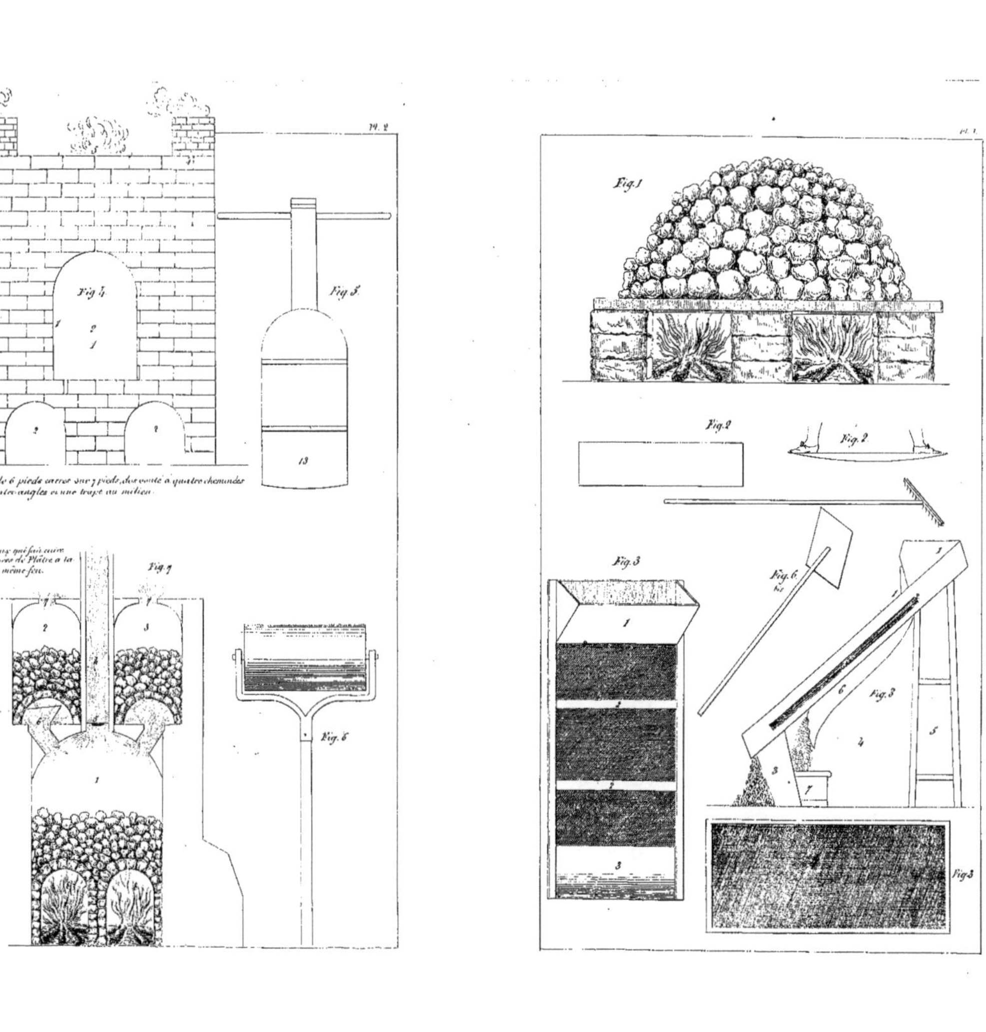

Fig 4.
Fig 5.
Fig 1.
Fig 2.
Fig 3.
Fig 6.
Pl. 1.
de 6 pieds carrés sur 7 pieds, des voûté à quatre cheminées
aux angles et une trape au milieu.
qui fait cuire
mures de Plâtre à la
même feu.

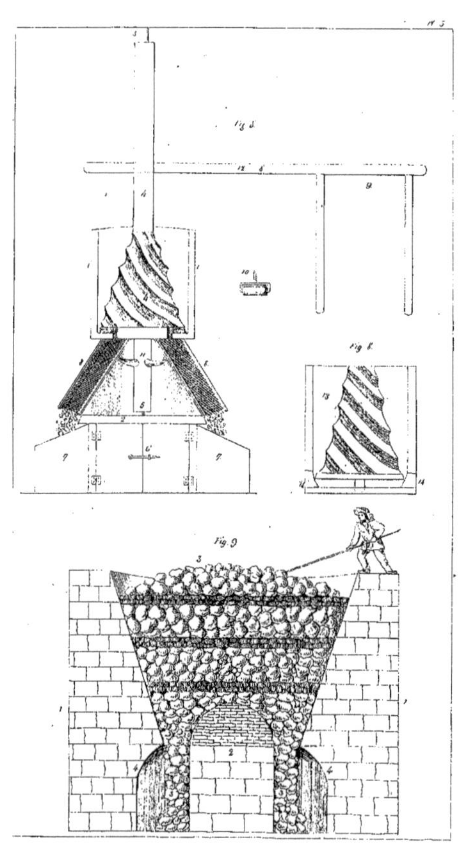

Fig. 7.
Fig. 8.
Fig. 9.

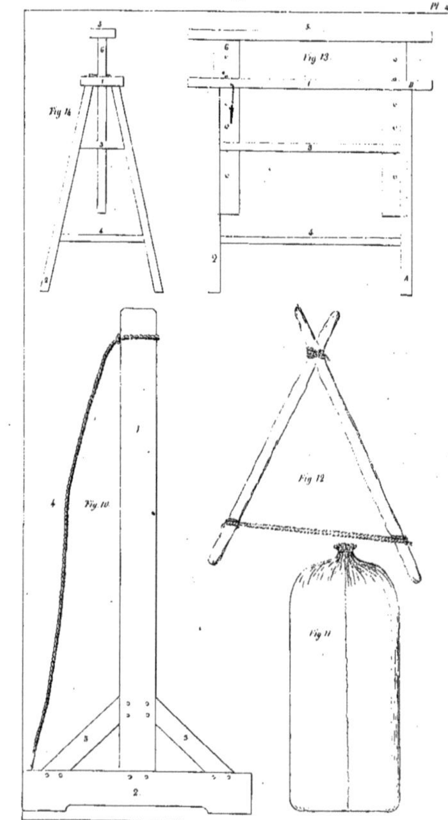

Fig 14
Fig 13
Fig 10
Fig 12
Fig 11

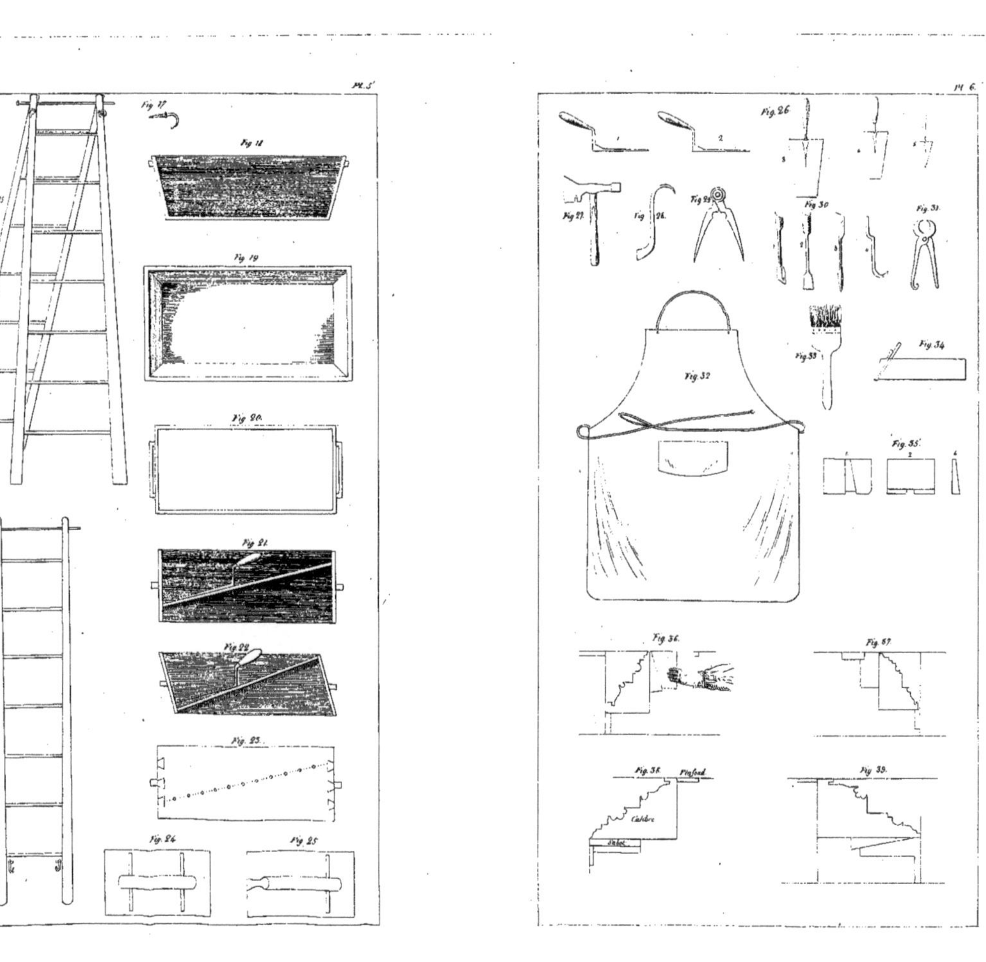

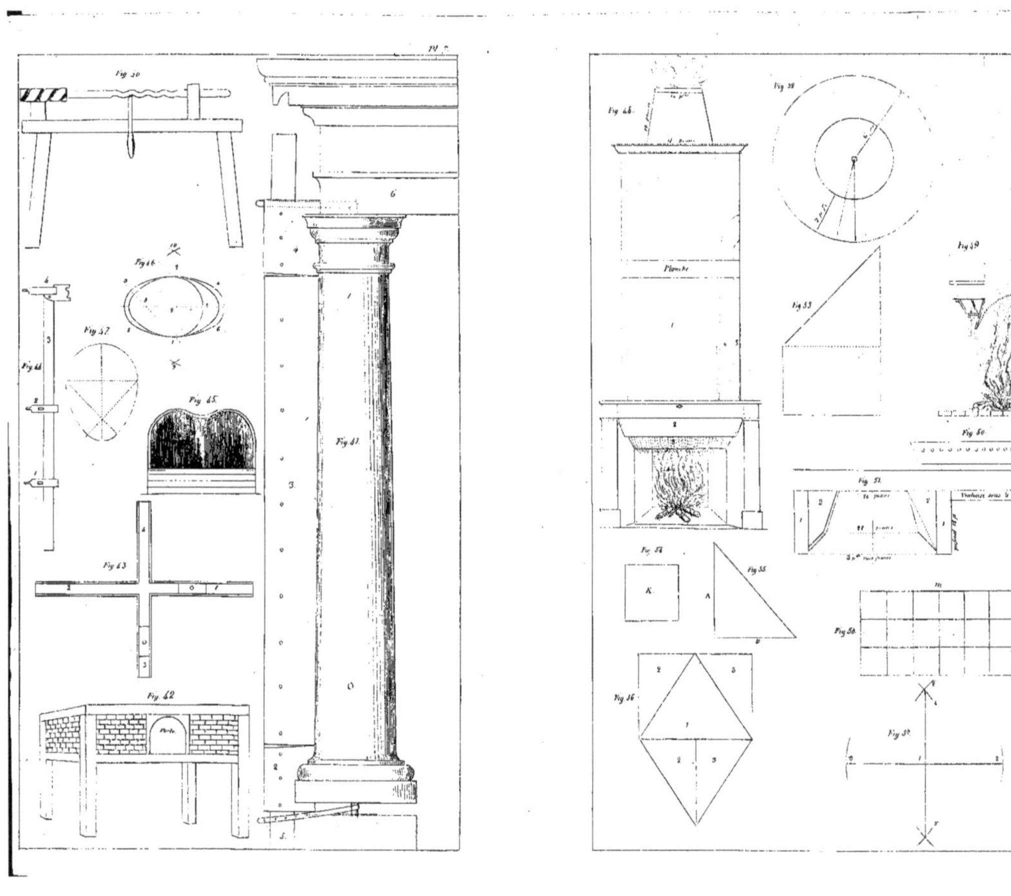

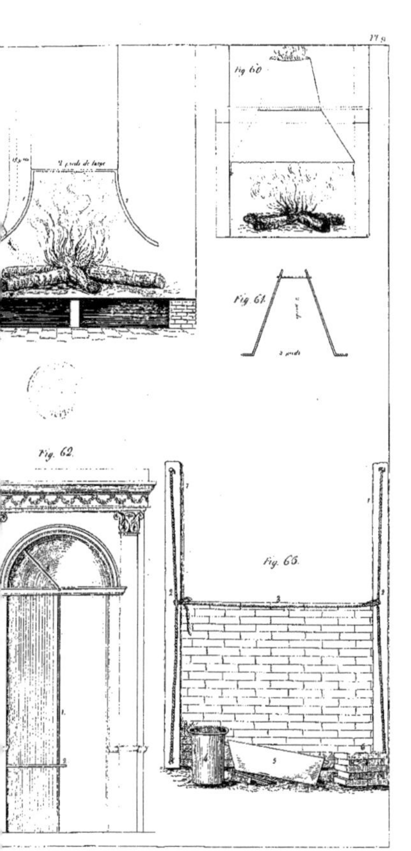
Fig. 60.
2 pieds de large
Fig. 61.
2 pieds
Fig. 62.
Fig. 63.

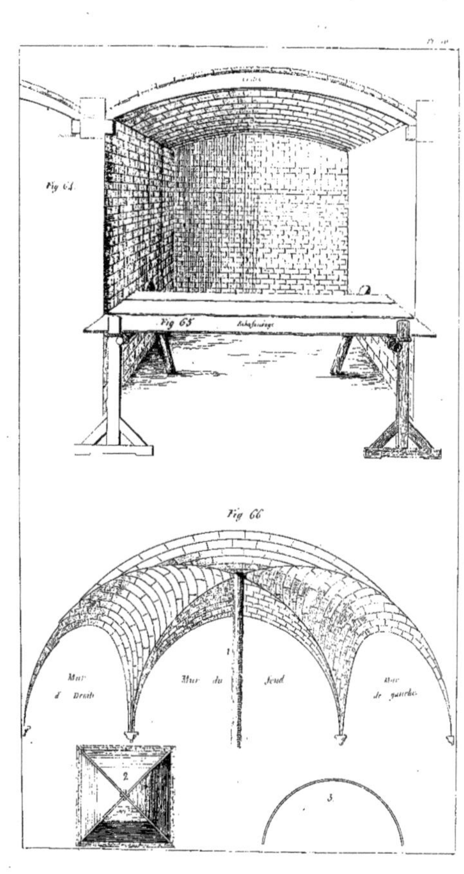
Fig. 64.
Fig. 65.
Fig. 66.
Mur
d'Droit
Mur du
fond
Mur
de gauche
2
3